KB074346

포에버리즘

그래프턴 태너 지음
김괜저 옮김

애나에게

감사의 글

가장 먼저 로랑 드 쉬테르에게 감사를 표한다. 그는 마치 유리병에 편지를 담아 바다에 띄우듯 내게 동시대를 탐구할 짧은 이론을 하나 써 보지 않겠냐는 제안을 띄워 주었다. 그는 내가 펼쳐 놓는 생각들을 다 받아 주고 충분히 탐색할 여유를 허락해 주었다. 출간이라는 도착지까지 무사히 인도해 준 존 톰프슨과 린지 윔페니를 비롯한 폴리티 프레스의 모든 분들, 그리고 이 모든 일을 시작한 장본인인 오리올 로젤에게도 감사드린다.

이 책에 담긴 내용의 초안은 2021년에 퀸스 칼리지(Queen's College)에서, 그리고 2022년에 자그레브에서 열린 노스탤지어 운동 학회(Nostalgia Movements Conference)에서 발표한 바 있다. 초대해 준 조시 챔들레인과 다리오 부게르에게 감사드린다.

나를 처음부터 지지해 준 가족에게 영원한 감사의 마음을 전한다. 나의 지원군이자 안식처인 애나. 애나를 향한 내 사랑이야말로 영원할 것임을 믿어 의심치 않는다.

아무것도 끝나지 않는 시대

법학자 한스 그로스는 1911년 저서 『범죄심리학』
(Criminal Psychology) 17장에서 "향수(鄕愁)라는
문제"를 다룬다. 향수의 감정, 즉 노스탤지어(nostalgia)는
범죄자 심리 파악의 "핵심 요소로서 결코 과소평가되어서는
안 된다"라는 주장이다. 노스탤지어가 해소되지 못하면
그것이 사람의 마음속에서 부패하여 살인에까지 이르게
된다는 것이다.

> 향수병에 걸린 자는 노스탤지어를 제거하기 위해 가장
> 격하고 흥분되는 쾌락을 좇기 마련이며 그것이 허락되지
> 않는다면 집에 불을 지르거나 누군가의 목숨을 빼앗기에
> 이른다. 그에게 필요한 것은 폭발적인 해소감이기
> 때문이다. 이런 종류의 사건은 상당히 빈번하여 진지한
> 분석을 요한다.[1]

20세기 초는 한스 그로스 외에도 여러 실증주의자들이 향수와 범죄를
연결 지으며 소위 '노스탤지어 반응'에 대한 수많은 견해를 쏟아 낸
시기였다. 그중 한 명인 카를 야스퍼스는 1909년 논문에서 어떤 하녀의
사례를 들었다. 1795년에 집을 떠나와 일을 구했으나 향수병을 견디지
못하고 일하던 집에 불을 지른 사건이다.[2] 정신의학자 막시밀리안
브레소브스퀴의 1922년 논문에는 집에 돌아갈 수 있는 유일한 방법이라면서
돌보던 네 살배기 아기를 살해한 다른 하녀의 사례도 등장한다.[3] 인간의
체형을 성격적 기질의 상관관계에 따라 분류한 독일의 정신의학자 에른스트
크레치머 역시 1934년에 비슷한 연결 고리를 관찰한 바 있다.

> 방화나 아동 살해를 동반한 '노스탤지어 반응'은 14–17세 하녀들에게서
> 관찰되는 전형적인 증상이다. 이러한 증세를 보이는 소녀들은 대체로
> 발달이 더디고 유약하며 사춘기도 늦게 나타난다. (…) 마치 어린양 같은
> 이들은 소심하고 자폐적인 방식으로 분열증을 내보이는 경우가 많다.[4]

심리학자 에드먼드 스미스 콩클린은 1935년까지도 "향수병 반응이 통제 불가한 폭발적 범죄 행동 및 방화, 심할 경우 살인에까지 이르게 한다"라고 주장했다. 다만 콩클린은 노스탤지어가 쇠퇴하는 추세라고 보았는데, 그 원인을 "현대사회에서 잦아진 여행과 거주지 변경"에서 찾았다. 또, 노스탤지어를 줄이려면 자녀를 "과하게 감싸고 돌아 부모에 대한 집착이 생기지 않도록" 주의해야 한다고 경고했다.[5]

이처럼 20세기 초 들어 노스탤지어는 평범하고 자주적인 개인을 범죄자로 만들 수 있는 위협으로 여겨졌다. 실증주의자들은 이것이 결코 우연이 아니라고 보았다. 윌리스 H. 매캔이 노스탤지어 관련 문헌을 검토하며 인용한 심리학자 카를 마브에 따르면 "향수병이 종종 범죄의 원인이 되는 것은 이상한 일이 아니다. 범죄를 저질러야 향수병이 해소되는 자들은 제지되지 않는 이상 범죄를 저지르기 마련이기 때문이다".[6]

문헌을 조금 더 거슬러 올라가 보면 지방 출신이 노스탤지어에 더 취약할 수 있다는 주장도 등장한다. 미 육군 보조 군의관이었던 J. 시어도어 캘훈은 1864년 2월 10일 발표한 논문 「야전 근무상 질병으로서의 노스탤지어」(Nostalgia as a Disease of Field Service)에서 노스탤지어가 병사들을 위협하는 전염병일 뿐 아니라 다른 합병증까지 동반하기에 "발병할 수 있는 가장 심각한 질병 중 하나"라고 단언했다. 지방 출신 병사가 특히 노스탤지어에 취약하다는 것이 그의 견해였는데, "시골뜨기일수록 집에 있기를 좋아하기 때문"이라는 이유에서였다. 그에 따르면 도시 출신 병사들은 상대적으로 강인하고 성숙해서 "어디서 자고 어디서 밥 먹든 상관하지 않는다. 어릴 적 자란 집과 부모가 차려 준 밥상을 그리워하느라 정신이 팔려 있는 것은 시골 출신들이다". 하지만 캘훈은 전장이야말로 이런 지방 출신들이 향수병을 떨쳐 버리고 남자다움을 증명할 수 있는 절호의 기회라고 역설했다.

향수병 치료에는 남자다움을 심어 주는 것이라면 무엇이든 좋다. 기숙사 생활을 해 본 이들은 잘 알겠지만, 비웃음과 놀림도 상당히 효과적이다. 물론 병영 내 다수가 같은 병을 앓고 있는 것이 아니라는 전제하에서다. (⋯) 동지들의 웃음거리가 되는 경험을 해 보면 스스로 향수를 떨쳐 내고 남자다운 남자로 거듭날 수 있을 것이다. 하지만 뭐니 뭐니 해도 최고의 약으로 전장에서의 작전 수행과 행진, 전투만 한 것이 없음은 물론이다.[7]

캘훈의 이런 주장은 많은 호응을 얻었다. 발표 2주 뒤 그의 글 전문은 『메디컬 앤드 서지컬 리포터』(The Medical and Surgical Reporter)에 실렸고, 4월에는 『사이언티픽 아메리칸』(Scientific American)에 '질병으로서의 향수'(Home-sickness as a Malady)라는 제목으로 발췌되었다. 의료 협회에서 군의관을 모아 노스탤지어에 대한 토론회를 열기도 했다. 향수병의 초도 증상으로 개인위생 악화를 드는 이들도 있었다. "집에서 곱게 자라 굴러 본 적 없는" 병사들이 특히 향수병에 걸릴 소지가 높다는 식의 주장이 이어졌다.[8]
  그 연장선상에서 L. W. 클라인이라는 심리학자는 교육 수준이 높은 여행자들은 높은 지능 덕분에 향수의 감정에 빠지지 않는다고 보았다. 성숙하고 교양 있는 사람은 집에 대한 지나친 애착에 구애받지 않고 모험을 떠날 수 있다는 것이다. 그들이 미래 지향적인 인간이라면, "집에 있는 것만 좋아하는 이들"은 과거에 머물러 있는 인간이었다. 클라인이 1898년 발표한 노스탤지어에 관한 논문은 다음과 같이 끝난다.

    끊임없이 이동하는 자는 세계인이다. 관심사가 많은 그들은 다양한 상황에서 유용한 문물과 마음 맞는 동지를 찾아낼 줄 안다. 그들은 대담하고 진취적이며, 큰돈이 오가는 거시적인 상업의 영역을 주무대로 삼는다. 반면 집을 좋아하는 자는 편협하고 우둔하며 소심하다. 그들은

**이 세상의 잡부(雜夫)이며, 보수적인 시야로
사회의 작은 일에만 관심을 둘 뿐이다.**[9]

당시 실증주의자들의 노스탤지어에 대한 논의가 오늘날의
독자에게는 극단적으로 들릴지 모른다. 하지만 그만큼
노스탤지어가 사람을 일상생활 밖으로 끌어내 버리는
강력한 힘을 지닌다고 여겨졌기 때문에 법학 및 의학계
실증주의자들이 주창하던 문명화 과정의 위협으로 지목된
것이다. 실증주의자들은 향수에 젖은 사색이나 갈망을 통해
현재로부터 도피하는 것이 인간을 비생산적으로 만들고
낙후시킨다고 믿었다. 당시 문헌 중 상당수에서는 인종차별,
성차별, 국수주의의 정서가 묻어나기도 한다. 현재라는 전능한
존재를 향한 찬양 속에서, 노스탤지어의 질병화는 여러 뿌리 깊은
사회적 편견들을 더 공고하게 하는 결과를 낳았다.

　　노스탤지어에 적대적이었던 실증주의자들은 앞다투어
비정상성을 노스탤지어와 연관 짓는 논리를 폈고, 이는 곧
'노스탤지어적 주체'라는 개념의 등장으로 이어졌다. 노스탤지어적
주체는 푸코의 말을 빌리자면 "바로잡아야 할 인간", 즉 "꾸준하게
제멋대로인 자"로서 "모든 기술과 절차, 훈련을 통한 개선 시도가 모두
실패했기에 교정을 요하는 이"이다. 계몽주의가 제시하는 진보적
개인으로서의 정체성을 체득하지 못한 비순응자에게는 어김없이 퇴보의
낙인이 찍히기 마련이다. 20세기 초는 이와 같이 "초(超)교정"을 요하는
근대적 노스탤지어적 주체가 나타난 시기였다.[10]

　　20세기를 거치며 노스탤지어에 대한 견해들이 재정립되면서 매우
큰 변화가 일어나게 된다. 앞서 언급한 브레소브스퀴, 크레치머, 콩클린 등이
노스탤지어를 범죄와 연관 지어 논한 지 채 100년이 되지 않은 시점에 런던의
광고대행사 패브릭 브랜드에서 기업을 대상으로 성공적인 노스탤지어 마케팅
캠페인을 위한 팁을 담은 글을 발행했다.

1. '영감을 제대로 이해하기.' 새로운 마케팅 캠페인에 레트로 아이디어를 접목시키려면 먼저 생각해 볼 것들이 있습니다. (…) 이번 캠페인에 노스탤지어를 성공적으로 활용하려면 어떻게 접근해야 하고, 소비자의 관심을 얻기 위해서는 어떤 요소들을 고려해야 할까요?

2. '소비자층과 브랜드 성격 고려하기.' 강력한 노스탤지어 마케팅 전략을 실행에 옮기기에 앞서, 목표하는 인구통계학적 대상에 다가가기 위해 해당되는 시대의 이미지와 아이디어를 잘 사용했는지 점검하세요.

3. '노스탤지어와 소셜 미디어 결합하기.' 마케팅 캠페인에 있어서 노스탤지어가 미끼라면 소셜 미디어는 낚싯대입니다. (…) 사람들이 원하는 것은 단순히 옛 추억 속 이미지와 사운드를 기억하는 것이 아니라, 친구와 가족에게 공유하며 '이거 기억나?' 하고 묻고 공감하는 것이니까요.

4. '브랜드 히스토리(가 있다면) 활용하기.' 회사가 연식이 있는 편이라면 브랜드의 장렬한 역사를 활용하는 것도 노스탤지어 마케팅의 효과를 극대화할 수 있는 좋은 방법입니다.

5. '디테일 놓치지 않기.' 노스탤지어 마케팅에 있어서는 (…) 레트로 콘셉트를 새로운 아이디어와 혼합해 조금 더 흥미 있고 몰입할 수 있는 경험을 주는 것이 더 효과적입니다.[11]

노스탤지어에 무슨 일이 있었던 걸까? 20세기 초까지만 해도 비정상적 특성, 심지어 범죄의 원인이었던 노스탤지어가 어떻게 오늘날에 이르러 마케팅 전술로 탈바꿈한 것일까? 노스탤지어가 살인의 원인이라고 주장할 사람은 더 이상 남아 있지 않다. 그랬더라면 광고대행사가 기업들에게 노스탤지어 마케팅을 권하는 일은 없었을 테니까. 하지만 실제로는 실증주의자들의 주장과 패브릭 브랜드의 마케팅 팁 사이에 그렇게 큰 간극이 있는 것은 아닐지도 모른다. 둘 다 같은 목표를 가지고 있기 때문이다. 그건 바로 그리움(longing)을 근절하는 것이다.

진보의 죽음, 그 후의 노스탤지어:
노스탤지어의 역사는 일견 전형적인 진보 서사인 것처럼 보인다. 시간이 흐르면서 의사들은 노스탤지어가 범죄를 일으키지 않는다는 것을 점차 깨닫게 되었고, 덕분에 이제는 노스탤지어가 여러 화면 속에 반짝이는 재화가 되어 누구나 향유하고 소비할 수 있게 되었다는 식의 서사 말이다. 우리는 마치 우화와도 같은 이 진보 서사로부터 오랫동안 위안을 얻어 왔다. 이러한 진보 서사는 인류의 과학적 발전과 의학적 계몽 수준을 평가하는 기준이 되어 주었고, 울화나 히스테리 등 현재의 기준으로는 인간적인 감정의 발현일 뿐임에도 과거에는 징벌의 대상으로 병리화되었던 '구시대적' 증상들에 대한 인류의 승리를 설명해 주었다. 하지만 이 서사로 인해 우리는 과거의 증상들이 현재보다 더 심각하거나 치명적이었는데 과학의 발전이 야만의 폭풍을 잠재우고 인간의 통제하에 두었다고 단순하게 생각하는 우를 범하기도 했다. 마치 고대에 이 땅을 걸었던 대형 포유류가 멸종한 것처럼, 타인을 살해할 수 있을 정도로 걷잡을 수 없던 격정적인 그 감정이 이제는 자취를 감추었다고 믿어 버린 것이다. 우리가 진보한 덕분에 노스탤지어가 질병이 아님을 알게 되었다는 것이나, 노스탤지어의 격정적인 파괴성이 진보를 통해 정제되었다는 것이나 신화에 불과한 것은 마찬가지다. 그 신화는 전진하는 진보 앞에 굴복하지 않을 후진성은 없으리라는 안도감을 주었다.

참으로 듣기 좋은 우화가 아닌가? 노스탤지어에도 오리진 스토리(origin story, 기원 이야기)가 있다. 노스탤지어라는 단어는 요하네스 호퍼라는 19세의 의대생이 쓴 1688년 논문에서 처음 등장한다. 병명으로 최초 고안된 이 개념은 이후 18, 19, 20세기를 거치며 수많은 의학자의 연구 대상이 된다. 다들 심신을 약화시키는 이 병을 고칠 치유법을 찾아 헤매 왔다.

노스탤지어적 주체라는 개념은 당시 인접 분야의 유사 과학적 이론들에

착안하여 다소 두서없이 정립되었다. 가령 인간의 원시적인 성질이 특정한 사람들에게서 다시 발현될 수 있다는 '격세유전'(atavism) 이론도 영향을 주었다. 격세유전은 사회적 다윈주의의 한 갈래로 많은 호응을 얻었는데, 과거로부터 회귀한 유전자를 '걸러 내기' 위해 우생학을 적용해야 한다는 식의 논의를 정당화하는 데 쓰이기도 했다. 후진적이라고 지목된 소수자를 향한 무기로 노스탤지어가 동원된 것이다.

그러나 20세기가 반환점을 돌 때쯤에 이르러 노스탤지어는 의료의 세계를 벗어나 상품의 세계로 빠르게 진입한다. 특히 조지 루커스의 1973년 영화 「아메리칸 그래피티」(American Graffiti)가 대성공을 거둔 시점부터 마케팅 업계는 노스탤지어에 주목하기 시작했다. 마케팅 교수였던 도널드 W. 헨던은 1975년 『마케팅 뉴스』에 기고한 칼럼에서 당시 시장의 복고 트렌드를 반영하기 위해 제품 생애 주기—하나의 제품이 시장에 소개되고, 성장하고, 성숙기를 거쳐 포화기에 이른 뒤 쇠락하는 일련의 과정—에 쇠락한 제품의 인기가 재부상하는 단계 하나를 추가할 필요가 있다고 주장했다. 그는 이 현상을 "노스탤지어의 꼬리"(nostalgia tail)라고 명명하고 그 원인으로 「그리스」(Grease) 같은 브로드웨이 뮤지컬이나 「해피 데이스」(Happy Days) 같은 TV 프로그램, 그리고 '바이센테니얼' [미국 건국 200주년] 호황 등을 지목했다. 그는 노스탤지어가 단지 지나가는 유행에 그치지 않을 것이기 때문에 마케팅 업계가 이를 진지하게 받아들일 필요가 있다고 보았다.[12]

같은 해, 심리학자 조지 로젠은 노스탤지어가 "이미 잊힌" 마음의 병이 된 것은 아닌지 묻는 글을 발표했다. 그는 노스탤지어가 사라진 것이 아니라 이제 "난민이나 실향민, 전쟁 포로, 강제수용소 생존자 등이 보이는 심리적인 장애" 등 "다른 이름으로" 퍼지고 있으며, 이는 모두 "인간이 인간에게 가할 수 있는 비인간성의 증거"라고 주장했다. 비로소 실증주의적 감옥에서 풀려난 노스탤지어는 이제 다른 탈을 쓰고 상품화의 세계로 멀리 나아갈 수 있게 되었고, 그러면서 과거 노스탤지어에

결부되어 있던 의학적 증상들은 각자 다른 병으로 재탄생하게 된 것이다.[13]

하지만 당시의 대중문화를 보면 노스탤지어에 대한 반응이 둘로 나뉘었음을 알 수 있다. 1970년대와 1980년대는 「해피 데이스」나 「원더 이어스」(The Wonder Years) 같은 복고 시트콤이 가정에서 인기를 끌기도 했지만, 다른 한편으로는 가수 돈 헨리가 "뒤돌아보지 마 / 절대 돌아보지 마"라고 호소하기도 했던 시기였다. 방송국을 배경으로 한 시트콤 「메리 타일러 무어 쇼」(The Mary Tyler Moore Show)의 1974년 한 에피소드에서는 터프 가이 캐릭터인 루 그랜트(애드 아스너 분)가 WJM 채널 뉴스 보도국에 "새로운" 현장 취재를 제안하면서 이렇게 말한다. "'허구한 날 똑같은' 것만 하지 말고 좀 참신한 걸 해 보자고요." 이에 주인공 메리는 되레 1960년대 중반의 음악과 패션에 대한 '노스탤지어 기획'을 제안한다. "그때 유행했던 것들이 지금 돌아보면 얼마나 웃기고 바보 같은지 보여 주는 거예요." 이내 메리가 학창 시절 좋아했던 친구를 떠올리며 회상에 잠기자 방송국 남자들이 눈을 흘기고, 루는 푸념한다. "노스탤지어는 '질색이야'. 그때도 싫었고 지금은 더 싫다고."[14]

과거 실증주의자들이 노스탤지어를 치료가 필요한 질병으로 규정했다면, 기업들은 노스탤지어를 소비 가능한 제품으로 만들었고 광고업자들은 그것이 얼마나 돈벌이가 되는 상품인지 발견해 냈다. 적어도 이론상 소비자는 소비라는 행위를 통해 과거에 대한 그리움을 얼마든지 해소할 수 있는 것이었다. 과거를 그리워할 만한 것으로 포장함으로써 기업 자본주의는 생산되는 상품을 통해 과거로의 귀환을 약속할 수 있었다. 그것은 인위적으로 문제를 키운 다음 해결책을 판매하는, 익히 입증된 자본주의 성공 방정식의 새로운 변주에 불과했다.

노스탤지어의 상품화가 향수를 질병으로 문제 삼는 경향을 완전히 끝낸 것은 아니었지만, 적어도 그것을 타도하기 위한 가혹한 형벌적 조치들은 조금씩 사라져 갔다. 노스탤지어의 위험에 빠진 사람이 할 수 있는 것은 무엇인가? 현대적

향수병 환자라는 이 인간상을 다스리는 것은 여전히
필요한 일이었지만, 그 방식만은 시대에 발맞춰 변화했다.
형벌은 미미한 수준까지 약해졌다. 향수에 이끌린
범죄자들을 경계해야 한다는 목소리도 점차 잦아들었다.
교정을 위한 장치는 치료법으로 대체되고 그 유통은 점점
시장의 손에 맡겨졌다. 노스탤지어를 경험하고 표현하는
것은 곧 노스탤지어를 TV, 영화, 음악 등 대중문화를 통해
소비하는 것을 의미하게 되었다.

　　　같은 시기, 진보에 대한 믿음은 시험에 들고 있었다.
오랫동안 노스탤지어는 진보와 대비되는 개념이자 그 숙적으로
여겨졌다. 마지막 남은 향수의 감정을 말살할 확실한 무기가 바로
진보였던 것이다. 진보의 전도자들은 사람이 과거에 집착하면
도태된다는 주장을 펼치고 다녔다. 사람은 문명화 과정을 통해서만
후진성을 벗어날 수 있다는 생각이 팽배했다. 1850년대 한 프랑스
의료 저널에 실린 글이 이런 생각을 잘 보여 준다.

　　　　다행히도 노스탤지어는 매일같이 줄어들고 있다. 민중에게
　　　　조금씩 다가가 그들을 지도하면 그들의 지능을 함양하고
　　　　향수병에 대한 대항력을 키울 수 있다. 인류의 완성에 있어 문명이
　　　　닿는 모든 것은 인간으로 하여금 그가 개인으로서 맡은 바와 인류
　　　　공동의 사업에서 주어진 역할을 이해하게 하며, 정신을 계몽하여
　　　　가슴속 충동을 머릿속 이성 앞에 굴복시킨다.[15]

노스탤지어에 대한 과거의 이러한 정서는 2020년 2월 미국 10대 대선 민주당
후보 경선 토론에서 되풀이되었다. 전 인디애나주 사우스벤드 시장 피트 부티지지가
상원 의원 버니 샌더스가 노스탤지어에 빠져 있다고 공격하며 샌더스를 도널드
트럼프의 노스탤지어적 정치 강령과 도매금으로 취급한 것이다.

　　　미국이 국제사회에서 신뢰를 회복하려면 (…) 우선 대권부터 되찾아야

합니다. 이번 대선이 1950년대 사회질서에 대한 향수에 젖은 도널드 트럼프와 1960년대 혁명주의 정치에 대한 향수에 젖은 버니 샌더스 사이의 대결로 전락하는 것이 과연 최선일까요? 1970년대나 1980년대에 어디서 어떤 쿠데타가 일어났는지가 지금 중요한 게 아닙니다. 지금 중요한 건 미래입니다. 2020년 말입니다. [16]

1850년대의 진보 서사가 2020년에도 똑같은 효과를 갖지는 않았다. (부티지지는 이 토론 며칠 뒤 경선을 중도 포기했다.) 파국을 향해 치닫는 세상에서 오직 과거로의 복귀만이 안전과 자유를 보장해 주리라고 믿는 수많은 사람들의 폭풍 같은 염려를 잠재우기에 진보 서사는 역부족이었다. 모든 것이 끊임없이 변화하고 움직이며 곧 부서져 사라질 듯한 세상에서 현재의 충격보다 더더욱 무서운 것이 바로 미래이기 때문이다. 그 어떤 끔찍함이 도사리고 있는지 알 수도 없는 미래로 난 길이라니. 그래서 진보를 항변하는 목소리는 자주 비웃음의 대상이 되곤 한다. 내일이 오늘보다 나으리라고 믿어 줄 사람이 많지 않은 까닭이다. 그럼에도 불구하고 진보라는 시체를 회생시키려는 서툰 시도들은 계속되어 왔다. IT 기업들은 그들의 발명품— 무인 자동차건 디지털 화폐건 가상현실 플랫폼이건—을 진보 서사에 엮으며 다음 대약진의 역사를 써 내려가는 중이라고 자찬하곤 한다. 그러나 그런 수사를 진지하게 받아들이기란 어려운 일이다. 완전히 정신 나간 테크노크라트 [과학기술 지배론자]가 아니고서야, 전기차가 백열전구만큼 혁명적인 패러다임 전환의 계기가 될 것이라 믿기는 힘들다.

진보가 신뢰하기 힘든 신화로 전락함에 따라, 그 대신 노스탤지어적 반응이라는 문제를 해결할 새로운 무언가가 필요해졌다. 그것은 해결책으로 고안된 것이면서도, 사람들에게는 마치 스스로의 증상처럼 느껴져야만 했다. 그래야 사회적 문제도 심리적 개선의 영역으로 치부하는 동시대 '심리 치료 권하는 사회' (therapeutic society)의 요구에 화답할 수 있기 때문이었다. 진보 서사로 충분치

않다면, 새로운 도구로 노스탤지어의 접근을 막아야만
했다. 과거를 과거로 내버려두지도 않으면서 미래를
받아들이는 것 또한 거부할 수 있는 도구. 그 대신 과거를
재시동하는 도구. 과거를 현재 속에 계속 살아 있게
만듦으로써 상실의 여지를 없애고 마침내 노스탤지어를
완전하게 정복할 수 있다고 약속하는 어떤 도구 말이다.

영원주의:
노스탤지어가 오늘날의 문화와 정치에 상당한 영향을 주고 있다
보니 흔히들 문화적 공급자나 수용자 양쪽 모두 노스탤지어에
빠져서 과거에만 몰두해 있다는 지적을 하곤 한다. 하지만
노스탤지어를 상실했던 무언가가 마음속 또는 현실에 잠시
돌아왔을 때에 느껴지는 감정으로 정의한다면, 과거가 현재 속에
지속해서 존재하는 동시대의 현상은 '노스탤지어'가 아닌 다른
무언가로 보는 것이 타당하다.
　　　이렇게 과거를 현재 속에 계속 두는 것에 대한 논의를 나는
'영원주의'(foreverism)라 부르려 한다. 영원주의는 틀림없이 우리
사회가 과거향 사회라는 인식을 주지만, 그렇게만 받아들이는 것은
동전의 한 면만 보는 것이다. 영원주의의 진정한 목적은 노스탤지어의
근절이다. 마치 그 옛날 법과 의학이 하려고 했던 것처럼 말이다. 하지만 그
방식은 한층 더 교활한데, 소비와 선택이라는 환상을 통해 작동하기
때문이다. 영원주의는 동시대 노스탤지어적 콘텐츠가 폭증하는 것이 우리가
과거를 그만큼 그리워하기 때문이라고 착각하게 만든다. 그러나 노스탤지어적
콘텐츠가 쉴 새 없이 제공된다는 것이 우리가 노스탤지어를 느끼고 있다는 증거는
아니다. 과거에 대한 접근이 그 어느 때보다도 쉬워진 레트로 마니아(retromania)의
세계에서, 어쩌면 우리는 정작 진짜 노스탤지어를 느껴 본 지 오랜지도 모른다.
　　　이 논의에서 영원주의가 수반하는 일련의 과정을 '영원화'(foreverizing)라고
부르고자 한다. 시네마틱 '유니버스'의 확장, 클라우드 아카이빙, 심지어 음성 복제
기술까지도 모두 영원화 사업의 일환이다. 풍화되고 고장 나고 사라진 것을 되살려

내어 현재 속에 영원히 살게끔 하는 모든 작업 말이다. 무언가를 영원화한다는 것은 단지 보존하거나 복원하는 데 그치지 않고 현재 속에 되살려 미래에도 영속할 수 있도록 하는 것이다. 상실된 것을 부활시켜 재시동하고, 썩어 가는 시체에 새 숨결을 불어넣는 것. 오래된 영화를 '리부트'하고 흘러간 패션을 소환하며 '추억'을 디지털화하는 것. 이 모든 과정을 통해 이미 구식이 된 낡은 것이 과거 너머로 사라지지 않도록 하면 우리는 그것을 '더는 그리워하지 않아도 된다…'. 과거를 갈망하는 고통으로부터도 해방된다. 노스탤지어를 느끼지 않아도 되는 것이다.

그렇다고 해서 우리가 노스탤지어를 여유롭게 받아들이는 태도를 갖추게 된 것도, 한때 거세게 일어나던 노스탤지어의 기운을 다스린 것도 아니다. '서구'가 노스탤지어에 대한 불안을 느끼는 것은 의학 전문가들이 치료제를 찾아 헤매던 과거나 현재나 똑같다. 다만 노스탤지어를 근절할 수 있는 새로운 무기가 발명된 것뿐이다. 이 무기는 강압이나 침범, 규율로 느껴지지 않고 은밀하게 작동하지만, 노스탤지어에 적대적이라는 면에서는 지난 몇 세기 동안 노스탤지어 퇴치에 몰두했던 의학적, 징벌적 논의와 다를 바 없다.

'영원주의'와 '영원화'는 내가 의도적으로 고른 용어다. '영원화'는 '아이메모리'(iMemories)라는 디지털 변환 서비스 웹사이트에서 처음 본 단어였다. '아이메모리 소개'에는 이렇게 적혀 있다. "아이메모리는 고객님과 가족분들께 추억이 얼마나 소중한지 잘 압니다. 그래서 고객님의 오래된 영상이나 영화, 사진을 다시 재생할 수 있도록 디지털화할 뿐 아니라, 앞으로도 몇 번이고 계속해서 다시 경험하실 수 있도록 영원화해 드립니다."[17] 흥미로운 대목이었다. 왜 이 서비스와 그 이용자들은 디지털 기술을 '영원', 즉 영구성, 접근성, 체계성 같은 특성과 결부해 생각했을까? 아이메모리는 그저 아날로그 '추억'을 디지털화하는 데 그치는 여타 서비스들로부터 스스로를 차별화하기 위해 '영원화'라는 용어를 썼다. 이를 통해 아이메모리는 디지털 시대에 꽤나 익숙해진 약속, 즉 인간의 기억을 디지털 기술을 이용해 과거에 불가능했던 수준으로 안전하고 쉽게 꺼내 볼 수 있게 보관해 주겠다는 약속을 제시하고 있었다.

'영원주의'라는 단어를 전혀 예기치 못한 곳에서
발견한 것은 얼마 후의 일이었다. 바로 마케팅 간행물이었다.
2009년에 트렌드워칭이라는 소비자 연구원은 이런
제목의 브리핑을 냈다. 「영원주의: '영원히 끝나지 않는'
대화와 제품, 라이프스타일을 수용하는 소비자와 기업들」
(Foreverism: Consumers and businesses embracing
conversations, lifestyles and products that are 'never
done'). 트렌드워칭은 마케팅 업계가 "영원"이라는 개념을
"지금"만큼이나 중요하게 생각해야 한다고 주장하며, 기업이
고려해야 할 영원주의의 특성 세 가지를 정리했다. 바로 영원한
존재, 영원한 베타테스트, 영원한 대화다. 이 글에 따르면 '지금'이
결코 사라진 것은 아니지만, '영원'의 매력이 점점 커져 가고 있다.
"많은 것들이 태생적으로 일시적이며 생명력이 짧다. 소비자가
그래서 좋아하는 경우가 많은 것도 사실이다. 자아아아아아앙기적으로
보면 영원할 수 있는 것은 '아무것도' 없다고 볼 수 있다. 하지만
'영원주의'와 '지금주의'(NOWISM)가 결코 상호 배타적인 것은 아니다.
현재로서는 일시적인 어떤 프로세스나 서비스 또는 제품 중에 소비자가
일종의 '영원주의'를 원할 만한 것을 포착하는 데 기회가 있다."[18]

이어서 브리핑은 개인이 스스로 영원한 존재를 유지하는 것의
장점을 설명한다. 자신의 디지털 아이덴티티를 공개하고 지속적으로
업데이트하는 것 말이다. 오늘날 영원한 존재가 가능해진 것은 "소비자와
기업으로 하여금 누구든 혹은 무엇이든 찾고 팔로우하여 영원히 소통하고
컬래버할 수 있게 해 주는 기술 덕분"이다. 소셜 미디어가 대표적이다.
트렌드워칭에 따르면 소셜 미디어는 "영구히 최신으로 유지되는 개개인에 대한
백과사전"이다. "젊은 세대는 열심히 가꿔 온 온라인 자아를 절대 없애려 하지 않을
것이기에", 소셜 미디어 프로필은 "사이버 스페이스에 흩뿌려진 억만 개의 디지털
부스러기와 함께 영원히 살아가게 될 것이다". 소셜 미디어 이용자들ㅡ"소비사회
성숙기라면 인구 99%가 이에 해당한다"ㅡ은 이렇게 "영원한 존재"를 얻게 된다.

브리핑에 따르면 이것은 긍정적인 현상인데, 왜냐하면 "영원한 존재는 영원한 색인과 추적도 가능하기 때문"이다.[19]

　　온라인상에서 개인은 영원히 존재하는 것뿐 아니라 서로와 영원히 대화할 수도 있다. 소셜 미디어 플랫폼이 촉발한 "대화 혁명"은 "친구, 가족, 모르는 사람, 적, 그리고 (당연히) 브랜드까지 무수한 조합으로 세상이 끝날 때까지" 대화할 수 있게 했다. 브리핑에 따르면 기존에도 소비자와 기업의 대화와 소통은 있었지만, 이와 같이 온라인에서 "실시간으로, 노골적으로, 대규모로 진행되는 공적 대화" 덕분에 소비자가 브랜드(또는 유명인)와 더 직접적으로 끊임없이 상호작용 할 수 있는 길이 열렸다. 제안이나 불만, 질문이 있는 사람은 그 회사에게 바로 트윗을 작성하거나 그들을 태그해서 포스트를 작성하면 그만이다. 그러면 다른 이들도 자신의 홈 화면에 뜬 태그된 포스트를 보고 대화에 참여할 수 있다.[20]

　　브리핑은 소비자와 기업 간의 끝없는 협업을 주문하며 끝맺는다. 결과보다 과정 자체를 상품으로 생각하고 미완성인 것을 완성인 것보다 우선시하라는, 즉 "베타테스트적 태도"를 가지라는 것이다. "영원한 베타테스트"(Forever Beta) 섹션은 브랜드들에게 소비자의 피드백을 수용하고 "단점을 포함한 그들의 있는 모습 그대로를 보여 주는 것"에 열려 있으라고 조언한다. 만약 이용자가 브랜드의 실책을 꼬집는 글을 게시했다면 이를 인정하고 십분 반영하는 것이 좋다. 이렇게 "계속되는 대화의 선순환"이 소비자와 브랜드 사이에 생겨나면 브랜드는 좋은 소비자 관계를 유지하기 위해 "결손하고 투명하며 다듬어지지 않고 인간미 있는 태도로 '영원한 베타테스트'를 진행해야 할 것이다".[21]

　　광고 업계가 내놓은 이런 분석은 세태를 상당히 일찍 읽었다고 할 수 있다. 비록 그 의도는 새로운 마케팅 전략 제시를 돕는 것이었겠지만, 이 글은 현대사회에 굉장히 큰 영향을 갖는 담론을 담고 있기도 하다. 영원히 추적 가능한 개인, 영원히 완료되지 않는 대화, 그리고 영원히 업데이트되는 제품은 트렌드워칭이 소개하기 한참 전부터 지금까지도 변함없는 자본주의적 이상이다.
이 브리핑은 이미 통용되고 있던 진술과 믿음, 태도와
가치, 프로세스 등에 이름을 붙인 것뿐이다. 그러나
트렌드워칭은 이러한 자본주의적 이상의 잠재적 함정까지는
고려하지 못했다. 영원한 존재, 영원한 베타테스트, 영원한
대화가 가져오는 궁극적인 결과는 과연 무엇일까?
영원주의의 교리는 기업과 개인의 생애에 어떤 영향을 주는가?
이러한 '영원'은 자본주의의 즉각적인 '지금' 문화를 거스르는가,
아니면 같이 가는가? 그 무엇도 끝나지 않는 시대에는 과연
무슨 일이 벌어지는가?

마케터가 고안한 용어로 후기 자본주의의 속성을
서술하는 것이 조금 천박해 보일지도 모르겠다. 그러나 마케팅과
광고 업계 용어가 그 의도와는 별도로 세태의 부정적인 측면에 대한
설명을 제공할 수도 있는 것이다. 나는 여느 마케터와 마찬가지로
트렌드워칭의 브리핑을 읽었지만, 그들이 브랜드 홍보를 위한 잠재적
전략을 탐색하기 위해 읽는다면 나는 소비 자본주의 비평의 관점에서
배제와 통제, 그리고 탄압의 여지를 읽는다. 이는 인식의 차이
때문이기도 하지만 마케팅의 목적에 대한 견해 차이 때문이기도 하다.
트렌드워칭에게 마케팅의 목적은 비즈니스 성장이겠지만, 나에게
마케팅의 목적은 거대 기업들이 우리의 삶에 지배력을 유지하기 위함이다.
브랜드를 대중과 소통하는 이런저런 담론으로 포장할지언정 결국 노동자와
중산층의 권리를 박탈하고 주요 기업을 소유한 소수의 개인에게 부를
집중시키기 위함일 같다. 말하자면 나와 트렌드워칭은 '영원주의'가 유용한
용어라는 데 동의하지만, 그 이유는 각자 다른 데 있는 것이다.

이 책은 영원주의가 자본주의의 오랜 숙제였던 '노스탤지어를 진압함과
동시에 수익화하기'에 결정적인 해법을 제공함으로써 노스탤지어에 관한 과거의
실증주의 담론을 대체했다는 주장을 담고 있다. 영원주의가 비록 옛날 실증주의자들이
주창한 징벌적 조치보다는 덜 혹독한 것처럼 보이지만, 그 임무는 동일하다. 바로
자본주의 지시하의 노동—과거를 현재 속에 지속시키는 노동 자체도 포함하여—과

생산성을 위협하는 감정적 동요를 억제하는 것이다.

그 무엇도 끝나지 않는 시대에는 끝이라는 것에 대한 감정 역시 무뎌진다. 무뎌진 감정에는 과업을 완수했을 때의 성취감이나 안도감도 있지만, 슬픔과 고통, 상실감, 그리고 당연히 노스탤지어도 포함된다. 끝나지 않기를 바랐던 것이 끝났을 때에는 특히 그런 감정이 더 크기 마련이다. 영원주의는 그러한 감정의 해소를 약속하지만, 동시에 과업의 끝이나 사건의 종결, 이야기의 결말을 이해하고 받아들이는 것은 한층 어렵게 만든다.

다음 장에서는 영원주의가 어떻게 동시대 문화와 정치에서 지배적인 담론이 되었는지, 그중에서도 우리의 노스탤지어에 대한 인식을 어떻게 변화시켰는지, 그리고 그 무엇도 끝나지 않는 시대에 사는 것은 어떤 결과를 낳는지에 대해 서술하고자 한다.

저장하지 않으면 사라집니다

영원화는 보존이나 복원과는 차이가 있다는 점을 짚고 가려 한다. 이 셋 모두 노스탤지어가 주는 과거에 대한 달콤 쌉싸름한 그리움을 해소하기 위한 방편 중 그나마 징벌과는 거리가 멀다는 점에서 공통점이 있다. 그러나 노스탤지어의 마수를 헐겁게 하겠다는 공동의 목표에 대한 집요함에서는 이들도 결코 뒤지지 않는다. 그리고 이들은 대체로 치료하려는 대상인 그리움을 오히려 강화하는 결과를 낳곤 한다.

보존, 복원, 영원화:
보존은 무언가를 간직하려는 충동에서 시작된다. 사물을 탈맥락화해 유리 진열장에 넣기, 송진 속에 굳혀서 호박으로 만들기, 생명 활동이 다 멎을 정도로 온도 낮추기, 금고에 봉인하기, 다른 사물과 한데 모아서 사람들이 보고 동경할 수 있도록 차려 놓고 입장료 받기 등의 방식이다. 19세기 "욕망의 경제"에서 이런 보존 활동의 기원을 찾을 수 있다. 당시는 사물의 스펙터클화, 귀여움의 상품화, 작고 진기한 것의 페티시화가 한창 진행되던 시기였다.[22] 눈이 휘둥그레지는 기념품과 유물, 화려한 장식장 등의 사적인 오브제는 생활공간을 박물관으로 변모시켰다. "가정적인 몽상과 안락한 노스탤지어"에 푹 빠질 수 있는 곳으로 말이다.[23]
문제는 보존을 하기 위해서는 그 대상이 일종의 '죽음'을 맞이해야 한다는 데 있다. 사후경직을 통해 굳어져야 하는 것이다. 만약 본래의 상태로 계속 방치된다면 색이 변하고 말 것이며, 그렇다고 유의미한 생명력을 계속 가질 수 있는 것도 아니다. 철학자 마크 피셔는 "단지 보존되었을 뿐인 문화는 문화가 아니다"라고 말한 바 있다.[24] 여기서 고민이 시작된다. 우리에게는 보존된 것과 교류하며 공존하고 싶은 마음이 있다. 그러나 그것은 시간으로부터 보호되어야 하기에 가깝고도 먼 곳에 놓일 수밖에 없는 것이다. 한편 '복원'은 오래된 것을 깨끗이 닦아 새것처럼, 심지어 새것보다 낫게 만드는 과정이다. 다만 복원은 처음 해 놓고 나서 얼마간의 시간이 지나면 다시 복원을 해 주어야 유지할 수 있다.

보존, 복원, 영원화의 차이를 대중음악 분야의
예시로 살펴보도록 하자. 레너드 스키너드라는 미국의
장수 록 밴드가 있다. 1960년대에 결성된 레너드
스키너드는 밴드의 노화와 죽음에 대항하기 위해
적극적으로 영원화 작업에 임했고, 팬들도 이 밴드의 혼을
이어 가기 위한 노력에 꾸준히 동참했다. 레너드 스키너드가
오랫동안 사랑받아 온 데에는 이러한 노력이 기여한 면이
분명히 있다. 레너드 스키너드의 음악을 보존한다는 것은
밴드가 발행해 온 물리 매체를 낡지 않게 안전히 보관하는 것,
예를 들어 LP판을 액자에 끼워 벽에 거는 것 따위를 말한다.
특히 중요한 수집품이라면 유리 진열대에 넣어 전시하거나
박물관에 두어 보존할 수도 있을 것이다. 레너드 스키너드의
오리지널 카세트테이프 중 몇 개는 1960년대 후반에 그들의 첫
녹음을 담당한 레코딩 엔지니어 톰 마컴의 자택 내 냉난방이 가능한
방에 보관되어 있다.[25] 이처럼 보존은 다양한 방식으로 이루어지지만
밴드의 파편을 시간 속에 가두겠다는 목적은 같다. 한편, 레너드
스키너드의 음악을 복원하는 방법으로는 그들의 음악을 리믹스,
리마스터링해 최신 수준의 음향으로 내놓는 것이 있다. 소리를 더 깨끗하고
잘 들리게 만드는 이 과정을 통해 어쩌면 원곡보다도 더 또렷하고 생생한
결과물을 만들 수 있다. 이와 같은 복원은 보존보다는 조금 더 상호작용적인
방법이라 하겠다. 그들의 음악을 처음으로 만나는 듯한 느낌을 선사하기
때문이다. 그리고 레너드 스키너드의 음악을 영원화하는 방법으로는 멤버 중
누군가가 사망하거나 탈퇴했을 때 새 멤버를 영입해 대체하는 것을 들 수 있다.
1977년 불의의 비행기 추락 사고로 멤버 중 세 명이 사망하는 사건이 있었고,
그 후 1980년 후반에 재결성한 레너드 스키너드는 이러한 방식의 영원화에
진심을 다하게 되었다. 이와 더불어 그들은 히트곡을 동시대 프로듀서들에게
맡겨 리믹스하고 마케팅하게 하는 방법으로도 스스로를 영원화해 왔다. 2022년
발매된 토템 리믹스 버전의 「새처럼 자유롭게」(Free Bird)는 영원화의 완벽한
예시다. 토템은 영화 홍보 음악 제작을 전문으로 하는 "부티크 음악 도서관"이라고

자칭하는데,[26] 그들이 리믹스한 「새처럼 자유롭게」는 새로운 마케팅 채널을 뚫고 신규 수입원을 창조하며 궁극적으로 레너드 스키너드의 프랜차이즈화에 기여했다. 이 리믹스를 들어 보면 영화음악가 한스 치머가 스키너드를 커버한 듯한 느낌이 든다. 쿵쾅거리는 드럼과 대규모 현악, 순간 가슴이 멎는 듯한 정적 직후에 폭발적인 기타 하이라이트까지. 3분 가량의 재생 시간 동안 청자는 마치 블록버스터 액션 영화의 예고편을 보는 듯한 기분을 느낄 수 있다.

영원화된 상품을 보면 그리스신화 속 테세우스의 배 이야기가 떠오른다. 만약 선박의 모든 부속품을 새것으로 교체한다면 그것을 여전히 같은 배로 볼 수 있는가? 레너드 스키너드의 모든 원년 멤버가 새로운 인물로 교체되어도 그 밴드는 여전히 레너드 스키너드인가? 꾸준한 신규 멤버 영입을 통해 레너드 스키너드는 투어를 멈추거나 녹음을 중단하지 않고 계속해서 원하는 대로 활동할 수 있다. 새로운 인재를 계속 수혈하는 한 장수가 보장되는 것이다. 이외에도 대중음악 분야에는 다양한 영원화 전략이 쓰인다. 세상을 떠난 유명 아티스트가 홀로그램으로 돌아와 라이브로 히트곡을 공연하는 모습, 음악 투자사가 주최하는 '작곡 캠프'에서 작곡가들이 유명 아티스트의 옛날 곡을 기반으로 신곡을 써내는 모습(저작권은 투자사에게 돌아간다), 그리고 '고별 투어' 이후에도 계속해서 투어하는 아티스트의 모습 등을 생각해 보라.

영원주의는 오래된 것을 그저 보존하고 재발매하는 것만으로 만족하지 않는다. 새롭게 되살려 새로운 이야기를 부여하고, 노화의 시계를 되돌려 생기의 착시를 일으켜야 하며, 꾸준히 업데이트하고 리부트해야만 한다. 처음에야 콘텐츠를 영원화하려는 충동이 노스탤지어에서 기인했을지 모르지만, 실상으로는 모든 것을 현재 속으로 끌고 옴으로써 그리움의 성립 조건을 제거해 버리는 결과를 낳는다. 터무니없는 리부트가 이렇게 많아진 것에 대한 책임을 오롯이 대중의 노스탤지어로만 돌릴 수는 없지 않겠는가?

작품 리부트가 이렇게 많아진 이유를 오래된 콘텐츠에 대한 노스탤지어적 수요에서 찾는 것이 일견 타당해 보이기는 한다. 1964년부터 1966년까지 미국에서 방영된 괴물 가족 시트콤 「문스터스」(The Munsters)가 수차례 되살려진 과정을 살펴보아도 그렇다. 나는 2022년에 제작된 롭 좀비 감독의 리부트 버전이 이 시리즈의 첫 리부트가 아니라는 점에 상당히 놀랐다. 이 시리즈는 이미 지난 수십 년간 여러 차례에 걸쳐 영화로 만들어진 바 있었던 것이다. 1966년 「문스터, 집으로 돌아가!」(Munster, Go Home!), 1973년 「미니 문스터스」(The Mini-Munsters), 1981년 「문스터스의 복수」(The Munsters' Revenge), 1995년 「문스터스가 온다」(Here Come the Munsters), 1996년 「문스터스의 무시무시한 크리스마스」(The Munsters' Scary Little Christmas)까지. TV의 경우 '문스터스 투데이'(The Munsters Today)라는 제목으로 1988년부터 1991년까지 세 시즌 동안 방영되었고, 2012년에는 '모킹버드가'(Mockingbird Lane)라는 이름의 리부트 시리즈가 첫 화만 방영되고 바로 조기 종영된 적도 있었다. 요컨대, 유사한 여러 프랜차이즈 작품들이 그랬듯 「문스터스」의 리부트 역시 21세기 들어 처음 시도된 것이 아니었다.

이리도 잦은 리부트가 정말 「문스터스」에 대한 노스탤지어 때문이라고 그 누가 확신할 수 있을까? 리부트 작품이 발표되면 쉽게들 노스탤지어를 원인으로 지목하지만, 리부트가 반드시 노스탤지어에 따른 반응이라고만 설명할 수는 없다. 리부트는 팬들에게 특정 IP(intellectual property, 지식재산)에 대한 접근을 열어 줌으로써 그 이야기들이 과거로 사라지지 않게 하려는 작업에 가깝기 때문이다.

「문스터스」 프랜차이즈가 1964년부터 꾸준히 등장인물 영원화에 힘써 오기는 했지만, 자체 콘텐츠의 영원화 사업에 가장 확실하게 성공한 기업으로 디즈니를 따라올 자는 없다. 디즈니는 마블 시네마틱 유니버스(MCU)와 「스타워즈」(Star Wars)도 소유하고 있다. 과거 수십 년간 디즈니의 전략은 디즈니 클래식 작품을 보존하고 종종 복원하는 것이었으나, 최근에는 영원화에 전념하고 있다. 소위 '디즈니 금고'(The Disney Vault), 즉 몇몇 작품을 기간 한정 홈 비디오로 풀고 바로 다시 금고에 넣어 버리는 희소성 전략을 중단한 것만 보더라도 이러한 변화를 확인할 수 있다. 과거 소비자들은 디즈니가 금고에서 전작을 꺼내 복원, 배포하면 언제 또다시 구매할 수 있을지 알 수 없는 불안감 때문에 매대로 몰려들었다. 금고에 들어간 작품을 뒤늦게 구하려면 중고 시장을 뒤지는 방법밖에 없었다. 디즈니는 2019년에 '디즈니 플러스'라는 이름으로 스트리밍 서비스를 출시하면서 디즈니 금고를 공식적으로 은퇴시켰다. 「밤비」(Bambi) 부터 「미녀와 야수」(Beauty and the Beast)까지 수많은 디즈니 클래식 작품들을 디즈니 플러스에서 스트리밍으로 시청할 수 있게 된 것이다.

　　　　디즈니 금고는 디즈니 명작들을 희소한 상품으로 만드는 데 성공했다. 대중은 작품이 금고 속에 있는 한 접근할 수 없었다. 이는 관객들의 노스탤지어를 자극하고 명작을 물리 매체로 소장하고 싶어 하는 심리를 조장했다. 다시 말해 금고화(vaultification)가 노스탤지어를 위한 조건을 제공한 것이다. 반면 디즈니 플러스에서는 작품을 언제든 꺼내 볼 수 있기 때문에 작품을 그리워할 일도 생기지 않는다. 희소성을 접근성으로 대체한 디즈니는 관객이 명작 애니메이션을 '볼지 안 볼지'가 아니라 '언제 볼지'가 문제라고 판단한 것이다.

　　　　접근성은 디즈니의 영원화 전략의 한 면에 불과하다. 디즈니는 기존작에 기반한 새로운 콘텐츠도 제작하고 있다. 비단 금고 안에 있을 때에 비해 접근성이 좋아진 것뿐 아니라, 새로운 스토리와 등장인물, 설정을 추가해 리부트를 하는 것이다. 「스타워즈」를 예로 들어 보자. 「스타워즈」 시리즈에 새로운 작품 라인이 추가될 때마다 수많은 기사들이 이 프랜차이즈를 향한 노스탤지어에 관해 성찰, 환호 혹은 비판하는 생각거리를 쏟아 낸다. 하지만 「문스터스」와 마찬가지로 「스타워즈」 시리즈 작품들은 관객들이 이미 느끼고 있는 노스탤지어의 수익화를 위해 제작되는 것일까? 아니면 「스타워즈」를 두 번 다시

그리워할 수 없게 만들기 위한 것일까?

「스타워즈」 오리지널 삼부작이 나온 뒤지만 아직 프리퀄 삼부작은 나오지 않았던 그 시기에는 물론 사람들이 새로운 「스타워즈」 영화를 갈망했을 수 있다. 그 결과 어떤 일이 벌어졌나? 「스타워즈」 팬들은 그들의 노스탤지어를 채워 줄 후속 영화 세 편, 앤솔러지 영화 여러 편, 그리고 훨씬 많은 라이브액션 시리즈 작품을 얻게 되었고, 지금도 더 많은 작품이 제작되는 중이다. 생각해 보라. 「스타워즈」 새 작품이 매년 영화나 TV 시리즈로 나오는데 어느 틈에 그에 대한 노스탤지어를 느낄 수 있을까? 노스탤지어를 과거가 현재에 잠깐 재등장할 때 느끼는 감정이라고 한다면, 매 순간 스크린과 굿즈와 광고판에 수시로 등장하는 「스타워즈」를 소비하면서 느끼는 기분을 노스탤지어라고 부르기는 어려운 일이다.

그러나 디즈니가 「스타워즈」를 영원화하는 전략을 편다고 해서 「스타워즈」가 그리움의 대상이 되지 않기를 원하는 것은 아니다. 단지 루커스필름(Lucasfilm)에서 제작하는 콘텐츠가 끝없이 쏟아져 나오는 것에 대해 정당성을 부여하여 시리즈가 결코 과거로 사라지지 않게 할 뿐이다. 물론 여기서 아이러니한 점은 「스타워즈」에 대한 향수를 자극함으로써 디즈니는 은연중에 그 무엇도 「스타워즈」를 뛰어넘을 수 없다고 주장하는 꼴이 된다는 것이다. 이는 하나의 순환이다. 새로운 「스타워즈」 영화들은 프랜차이즈가 과거로 사라지지 않도록 해 주지만, 동시에 후속작이 원작만큼 좋을 수는 없다고 말하고 있기도 하다.

‘「스타워즈」여 영원하라’라는 적절한 제목의 『배니티 페어』(Vanity Fair) 인터뷰에서 루커스필름 회장 겸 제작자 캐슬린 케네디는 스튜디오의 「스타워즈」 제작 방법론을 “지속적 스토리텔링” 즉 전통적인 삼부작 구조를 벗어나 무기한으로 계속되는 서사를 만들어 내는 것이라고 소개했다.[27] 오래전 등장인물이 신작에서 재등장하고, 새로운 등장인물은 기존의 역할을 물려받으며, 동료와 적 사이의 대립은 계속된다. 엄청난 흥행작인 만큼 이러한 서사들 역시 오랜 시간에 걸쳐 사랑받기 마련이기에, 루커스필름은 관객들이 이에 계속해서 공감하고 더 많은 이야기를 원하리라는 전제로 제작을 이어 나간다. 지속적 스토리텔링 전략은 개봉 예정인 「스타워즈」 후속작에 대한 기대가 커지게끔, 그것을 놓치면 안 된다고 느끼게끔 압박을 가한다. 하지만 광고가 끝나고 나면 그것은 대중의 기억에서 금세 휘발된다.

지속적 스토리텔링이 표준이 되면 아주 중요한 것 하나가 자취를 감춘다. 바로 결말이다. 「스타워즈」 유니버스에 결말은 보이지 않는다. 그만큼 「스타워즈」에 대한 노스탤지어를 느끼는 것도 어려워진다. 원작을 처음 볼 때의 짜릿했던 기분을 그리워하는 게 아니라면 말이다. 그 기분을 다시 느껴 보려고 「스타워즈」 후속작을 보는 것도 충분한 이유일 수 있겠지만, 시간을 되돌릴 수는 없다는 것을 루커스필름은 잘 알고 있다. 그 대신 새로운 영화와 시리즈를 계속 출시해 노스탤지어적 그리움을 줄여 주려고 한다. 그러나 노스탤지어를 줄이려는 대부분의 시도가 그렇듯, 오히려 더 강한 노스탤지어를 남기고 만다.

에세이 「노스탤지어를 향한 노스탤지어」(Nostalgia for Nostalgia)에서 알렉산드라 피오렌티노스윈턴은 극영화 결말의 죽음을 애도한다. 「스탠드 바이 미」(Stand by Me)나 「조찬 클럽」(The Breakfast Club) 같은 영화는 얼마나 이상한가, 후속편이나 프리퀄, 리부트 없이 그냥 끝나는 영화라니! 그는 "「조찬 클럽」을 처음 보고 난 즉시 그다음에 무슨 일이 벌어질지 궁금해했다"라며, "주인공들이 월요일 아침이 되면 학교에서 만나고 거기서 '대안 가족' 같은 것을 꾸리는 팬픽 같은 시나리오를 믿고 싶었던 것 같다"라고 말한다. 저자는 프랜차이즈화와 확장에 방점이 찍히게 된 지속성의 시대에 서사적인 관행 또한 변화해 왔음에 주목한다.

마케팅을 통해 나에게 홍보되는 대중 엔터테인먼트를 살펴보면, 대체로 스토리란 모름지기 영원히 계속되어야 하는 것처럼 보인다. 스핀오프와 팬 서비스용 확장판 같은 것들이 이를 뒷받침한다. 내가 제일 좋아하는

「어벤져스」(The Avengers)나 「스타워즈」 같은 시리즈는 스스로의 역사를 파는 데 열중하는 것 같다. 보유한 레거시를 계속해서 언급하고 또 언급하면서 순환 고리를 만들어 온 듯하다.[28]

이처럼 연속성에 집착하는 서사는 디지털 시대에 인간관계가 영원화되는 세태를 반영하고 있다. 저자가 지적하듯 우리는 온라인상에서 알고 지내는 사람들과 꼭 영원히 연결되어 있어야 하는 것은 아니다. 하지만 온라인에서 시간이 지나다 보면 오래된 친구의 근황을 알지 '못하는' 것이 도리어 상상하기 어려운 일로 느껴지곤 한다. 그들의 근황을 계속해서 조금씩 흘려주는 피드가 있기 때문이다. 「조찬 클럽」 주인공에 대해 저자가 상상하듯 친구들이 어떻게 지내는지 궁금해할 여지도 없어진다. "현실에서 다시 볼 일 없는 사람인데도 그에 대한 근황이 끊기면 당황"하게 된다.[29] 과거의 진가를 알려면 그것을 추억으로 만들어야 하고, 그러기 위해서 어떤 인연은 끊어지기도 해야 하는데 말이다.

비록 계속해서 연결되어 있어야 한다는 압박이 서사에 대한 우리의 감각까지 비틀어 놓기는 했지만, 이는 소셜 미디어와 엔터테인먼트 기업에게는 수익으로 이어진다. 이 지점에서 최근의 리부트작들을 우리가 느끼는 노스탤지어의 증거로 볼 것이 아니라 오히려 반(反)노스탤지어적 움직임, 즉 어떤 것이 상실되었을 때에만 느낄 수 있는 진정한 그리움을 막는 예방약이 아닌지 의심해 볼 필요가 있다. 최신 리부트작을 소비하는 관객은 엄습하는 상실감을 몰아내어 좋고, 거대 엔터테인먼트 스튜디오는 막대한 수익을 챙길 수 있어서 좋다.

"영화와 TV의 결정적인 차이는 영화에는 결말이 있다는 것입니다." 영화 비평가인 A. S. 함라가 2022년 인터뷰에서 한 말이다. 그에 따르면 결말 없는 영화란 통속극에 지나지 않는다. "끝이 없는 것에는 어딘가 유아적이고 미성숙한 구석이 있습니다. 비슷한 경험을 반복하게 만드는 것이 TV의 특징입니다. 사람들이 잘 인정하려 하지 않는 영화와 TV의 차이점이 바로 거기에 있습니다."[30] 지속적 스토리텔링을 통해 관객은 유아적인 차원에서 끝없음을 경험할 수 있으며, 만약 거기에서 노스탤지어가 느껴진다면 그것은 아마도 그 경험 자체에 대한 노스탤지어일 것이다. 결말이란 불편한 충격이자, 항상 최신 업데이트와 새로운 변화를 받아들이라고 주문하는 기술 제일주의에 방해가 되는 존재이다. 영화 프랜차이즈의 큰 틀을 흔들지 않는 점진적인 변화만이 허용되고, 연속되는 것은 찬사를 받는다.

완벽한 연속성을 향한 끝없는 노력. 그것은 역설적으로 이런 시네마틱 유니버스 속 서사가 극도로 복잡해지는 결과를 낳았다. 작품 속 모든 사건의 흐름을 따라갈 수 있는 관객은 오로지 누구보다 열심히 내용을 공부한 열성팬뿐이고, 이런 노력이 작품의 즐거움이라고 여기는 이들도 있다. '이스터 에그'라고도 불리는 숨겨진 레퍼런스는 많으면 많을수록 극성팬들이 하나씩 해부하며 즐기기 좋다. 인기 시네마틱 유니버스의 최신작은 이런 대규모 '레퍼런스 보물찾기'의 장이 되곤 한다. 팬들은 음모론자가 되어 흩어진 점을 잇고 숨겨진 단서를 나열하며 역사의 흐름을 그려 나간다. 이것은 과거의 문화와 유물이 현재의 구천을 떠도는 곳에서만 가능한 영원주의 의식이다. 구작에 대한 레퍼런스로 가득한 신작을 보는 것은 마치 현재를 역사 속에 엮어 내는 것과 같아서, 진보가 사라져 가는 세상 속에서 진보의 맛을 느끼게 해 줄 뿐 아니라 과거를 영원화하여 언제까지나 살아가고 자랄 수 있도록 하는 일이기도 하다.

시네마틱 유니버스가 '영원히 존재한다는 것'은 참여자들—배우들과 제작진부터 마케팅과 대외 홍보 부서까지—역시 이 우주(universe)가 계속해서 팽창할 수 있도록 각자의 고정된 역할을 수행하는 영원한 존재가 된다는 것이다. 이렇게 역할이 고정되다 보면 같은 유니버스 속 같은 역할을 몇 년이고 계속해서 연기하는 배우들이 생긴다. 이는 배우가 보다 창의적인 다른 프로젝트를 할 수 없는 제약으로 작용하기도 한다. 그런데 또 다른 측면은 영화제작이 점점 디지털화되면서 제작 과정에 대한 더욱 강력한 통제가 가능해진 데 있다. 바로 '레트콘'(retconning)이라고

불리는 사후(事後) 연속성이다. 가령 완성 이후에 작품 속
요소를 재맥락화해 연속성을 확보하거나 이스터 에그를
후제작 단계에서 집어넣는 일, 레퍼런스를 추가해 흐름을
정리하기 위해 막판에 시나리오를 수정하는 일 등이
레트콘에 해당된다. 이런 식으로 프랜차이즈 작품을
영원화하는 것은 제작 과정의 디지털화 없이는 어려웠을
것이다. 이러한 일련의 변화 때문에 배우들은 종종 현장에서
초현실적인 상황에 놓이기도 한다.

　　　배우 이언 매켈런은 피터 잭슨이 감독한 「반지의 제왕」
(The Lord of the Rings) 삼부작을 찍을 때만 해도 실제 설산에서
대사를 전달했지만, 후속 시리즈 「호빗」(The Hobbit)을 찍을
때에는 그린 스크린으로 둘러싸인 디지털 촬영장에서 연기해야
했다. 매켈런은 마법사 간달프를 연기한 베테랑 배우임에도
비현실적인 촬영 환경 때문에 답답함을 느꼈다고 고백했다.

> 몸집이 큰 간달프와 작은 난쟁이들을 한 화면에 담아야 한다는
> 이유로 우리는 한 세트에서 연기할 수 없었어요. 내 연기
> 상대라고는 조그만한 불이 들어오는 스탠드 위에 붙여진 난쟁이
> 열세 명의 사진뿐이었죠. 대사를 하는 난쟁이에 불이 들어오는
> 식이었어요. 혼자 있으면서 열세 명과 함께 있는 척을 하는 건
> 연기자로서 기술적인 능력치를 한계까지 밀어붙이는
> 경험이었어요…. 울음까지 나더라고요. 울면서 소리 질렀어요.
> '내가 이러려고 배우가 된 게 아닌데!'[31]

영국 로런스 올리비에상 7회 수상에 빛나는 매켈런은 영화 스크린에서, 또 세계적인
연극 무대에서 리처드 3세, [『오셀로』의] 이아고, 맥베스, 로미오 등을 연기한 바
있다. 그러나 「호빗」 촬영장의 그는 비참했다. "내 착각일 수도 있지만 「반지의 제왕」
때에는 그린 스크린을 쓴 기억이 없어요. 간달프가 산꼭대기에 있는 장면이라면 나도
산꼭대기에 있었다고요."[32]

피터 잭슨은 「반지의 제왕」 삼부작 촬영 때에도 그린 스크린을 쓰기는 했지만, 후속작 「호빗」 때 디지털 기법을 한계까지 밀어붙였고, 그 결과 「호빗」은 많은 팬과 비평가로부터 전작보다 못하다는 평을 받았다. (한 권짜리 원작 스토리를 총 러닝타임 8시간에 육박하는 세 편의 영화로 늘려 놓았다는 비판도 있었다.) 「호빗」에서 다시 간달프를 맡은 매켈런은 후작업을 통해 최신 시각 효과 기술로 디지털 렌더링된 세계가 덧입혀질 영혼 없는 텅 빈 세트에서 연기를 해야 했다. 이와 같이 그린 스크린 사용이 늘고 러닝타임이 길어진 것은 최신 시각 효과를 선보일 수 있게 했을 뿐 아니라, 원작 삼부작에서 불가능했던 수준으로 작품을 통제할 수 있게 해 주었다.

대형 영화 프랜차이즈 촬영 현장에서 비슷한 어려움을 겪은 베테랑 연기자는 매켈런 외에도 많다. 제이크 질런홀은 한 라디오 인터뷰에서 2019년 「스파이더맨: 파 프롬 홈」(Spider-Man: Far From Home)에서 미스테리오 역할을 했을 때 대사 암기에 어려움을 겪었다고 고백했다. 인터뷰 진행자가 그린 스크린 앞에서 단순한 마초 캐릭터를 연기하기가 그리 어렵지 않았을 것 같다는 투로 반문하자, 질런홀은 결코 그렇지 않다고 덧붙였다.

그런 연기가 보기보다 정말 어려워요. 모든 면에서요. 세계관도 엄청 넓고…. 저 같은 경우 워낙 일찍부터 등장하긴 하니까 같이 맞춰 보면서 조금씩 알아 가게 되는 것들이 있었어요. 그 환경에서 기대되는 역할을 정확하게 해내야만 해요. 평소 연기와는 완전히 다른 작업이에요.

질런홀이 언급한 엄청 넓은 세계관은 바로 마블 시네마틱 유니버스, 즉 마블 스튜디오의 슈퍼 히어로 영화와 시리즈물 컬렉션을 뜻한다. 그는 「스파이더맨」 시리즈에 참여한 경험을 "이미 달리고 있는 열차"에 올라타는 일에 비유했다. 그가 경험한 촬영 현장에서는 새로운 아이디어가 나오면 그걸 시도하기 위해 하루 일정이 완전히 바뀌는 것도 부지기수였다고 한다. 이로 인해 대본을 숙지하기가 어려웠던 것이다. 질런홀은 불안감 때문에 스파이더맨 역을 맡은 동료 배우 톰 홀랜드에게 도움을 청하기도 했다고 한다.[33]

이안 매켈런과 제이크 질런홀은 모두 엄격하게 통제되고, 특수한 경우를 제외하고는 결말이 존재하지 않는 새로운 영화제작 시스템 속에서 고군분투해야 했다. 그것은 영원히 현재 속에 존재해야만 하고, 이를 위해 엄청난 기술적 통제를 동원하여 연속성을 유지하고 스토리를 지속시키는 시스템이었다.

더욱 강력한 통제를 위해 제작사들은 그린 스크린에 그치지 않고, 인더스트리얼 라이트 앤드 매직(ILM)사의 '스테이지 크래프트'와 같은 높다란 비디오 월(video walls)을 활용하기도 한다. 이를 통해 이세계(異世界)적인 환경을 유연하게 구축하고 편집할 수 있다. 연기자들은 연두색 무대 위에서 연기할 때도 있고, '볼륨'이라고 불리는 LED 벽에 싸인 사운드 스테이지에서 연기할 때도 있다. 이렇게 만들어진 영화 속 세계는 후작업 단계에서 디자인될 수도, 연기하는 배우들 주변 스크린에 실시간으로 펼쳐질 수도 있다. ILM사는 '브레인 바'라는 이름의 시각 효과 디자인 팀을 현장에 파견하여 볼륨의 화면을 실시간으로 조정하고, 라이브 애니메이션을 편집하거나 영사된 배경의 색을 교정해 세트의 디자인 요소와 맞추는 등의 역할을 하게 한다. 볼륨은 그린 스크린의 비인간적 환경은 제거하면서도 제작자에게 연속성 유지를 위한 활용도 높은 사운드 스테이지를 제공한다는 이점이 있다.

이 정도의 강력한 통제력을 갖게 된 제작자들은 이제 프랜차이즈 영화를 더 효율적으로 만들 수 있게 된다. 그린 스크린의 비인간성에 대한 배우들이나 특수 효과 팀의 불평을 들을 일도 없어진다. 그러나 여기에는 한 가지 흠이 있다. 배우들은 좀 더 손에 잡히는 세트에서 연기할 수 있는 대신, 프랜차이즈의 세계 속에 더 확실하게 갇히게 되는 것이다. 그건 엄청난 출연료를 받는 대신에 다른 창의적인 프로젝트를 장기간 하지 못하게 되는, 어쩌면 영화 산업 자체만큼이나 오래된 해묵은 예술적 딜레마다. 새로운 것은 시네마틱 유니버스 속 역할을 맡는 한, 배우들은 이제 딱히 영화라고는 부를 수 없는 새로운 무언가 속에서 연기를 하게 된다는 점이다.

「반지의 제왕」 프랜차이즈처럼 MCU가 제작하는 것은 더 이상 전통적인 의미의 영화가 아닌 콘텐츠다. 콘텐츠에는 끝이 없다. 소비할 수는 있지만 동나지 않는다. 마블 영화의 제작 과정은 무한 스크롤과도 같다. 꾸준히 화면 위로 올라오는 작품들을 보고 또 보더라도 끝없이 새로운 것이 차오르기 때문이다. 아이러니한 점은 콘텐츠란 쉽게 소비되는 만큼 쉽게 잊힌다는 것이다. 시네마틱 유니버스의 샘이 고갈되지 않게 콘텐츠는 더욱더 많이 만들어지지만, 그럴수록 그 유니버스의 다음 시리즈, 다음 작품이 나올 때마다 전작에 대한 기억은 싹 잊게 된다. 노스탤지어를 완화하기 위해 시네마틱 유니버스는 일종의 선택적 기억상실증을 유발한다. 남발되는 리부트는 잊히거나 공식 설정(canon) 밖으로 쫓겨나지만, 최초의 원작들은 좋은 기억으로 남는다. 「조찬 클럽」에 대한 노스탤지어나 그와 관련된 우리 학창 시절 감정들은 두 시즌짜리 리부트를 스트리밍한다고 해서 줄어들지 않는다. 우리는 어쩌면 이 점을 마음 깊은 곳에서는 알고 있는지도 모른다. 그 때문에 아직 「조찬 클럽」이 리부트되지 않은 것은 아닐까?

「호빗」 삼부작 이후 피터 잭슨은 제1차 세계대전에 관한 다큐멘터리 「그들은 늙지 않으리」(They Shall Not Grow Old)를 만들었다. 이 작품은 복원 기술 측면에서 찬사를 받았다. 『가디언』의 기자 피터 브래드쇼는 이 작품을 두고 "소름 돋게 초현실적"이라며, 채색 과정을 거친 화면 속 병사들이 "강령회에서 소환된 귀신이나 유령 같다"라고 썼다.[34] 비평가들의 중론은 피터 잭슨이 관객을 현장에 조금 더 가까이 데려가 과거와 현재 사이의 간극을 좁혔고 이로써 실제로 거기에 있었던 것 같은 색감과 순수한 디테일을 구현했다는 것이었다.

영화사학자 루크 매커넌의 평은 달랐다.

채색은 우리를 과거 가까이로 데려다주지 않는다. 되레 현재와 과거의 간극을 넓힐 뿐이다. 직접성이 아니라 차이를 만들어 내는 것이다. 과거의 기록에 있어서 정직함의 요소를 저버리면 과거는 더욱 머나먼 것이 되어 버린다. 젊은 세대가 전쟁의 의미를 이해하게 돕는다는 목적은 좋지만 이를 위한 올바른 방법은 그 영상들을 만들어진 그대로 보여 주고, 보는 이의 노력을 통해 그 영상의 가치가 무엇이고 그 시기가 어떤 의미를 지니는지 생각하게 하는 것이다. 지난주에 찍은 것처럼 보이는 영화는 지난주의 영화일 뿐이다.[35]

나는 잭슨의 2021년작 다큐 시리즈 「비틀스: 겟 백」(The Beatles: Get Back)을 보는 내내 매커넌의 말이 뇌리에 맴돌았다. 이 작품은 비틀스 멤버 네 명이 스튜디오에서 「렛 잇 비」(Let It Be)를 녹음하는 과정을 놀라울 정도로 디테일하게 보여 준다. 인공지능으로 그 옛날에 비틀스와 한방에 같이 있는 듯한 느낌을 기묘할 정도로 또렷하게 살려 낸 이 작품 역시 복원 기술로 찬사를 받았다. 복원된 결과물이 워낙 생생한 나머지 나와 예고편을 같이 본 아내는 이렇게 묻기도 했다. "배우들인 거야? 아니면 진짜야?"

「비틀스: 겟 백」은 다큐멘터리가 아니다. 과거의 기록을 제시하지 않기 때문이다. 그 대신 본격적인 복원 기술을 동원해 과거를 영원화하여 과거를 한층 더 현재처럼 느껴지게 만드는 작품이다. 이는 사진을 인공지능 기술로 움직이게 만든 영상을 보는 것과 비슷하다. 이미 세상을 떠난 사랑하는 사람의 사진을 움직이게 하면 어딘가 께름칙한 느낌이 드는 것처럼 말이다. 이 작품은 비틀스의 이 유명한 녹음 세션의 오디오를 분리하는 작업을 통해 개별 멤버의 음성과 악기 소리가 또렷이 구분되어 들리게 하고, 팬들이 한 번도 들어 보지 못했던 대화까지 만들어 냈다. 이로써 비틀스에 관한 팬들의 대화와 논평, 심지어 비판까지도 계속될 수 있게 되었다. 이는 비틀스에게도 무언가 부족한 점—심지어는 결함—이 있기에 업데이트가 필요하다고 보는 것이고, 나아가 비틀스를 전보다 더 잘 즐길 수 있도록 개선되어야 할 대상으로 간주하는 셈이다. 즉, 역사상 가장 유명한 록 밴드에 베타테스트적 태도를 적용한 것이다. 우리는 이로써 과거와 더 가까워지는 것이 아니라, 오히려 멀어지고 만다.

잭슨의 「그들은 늙지 않으리」와 「비틀스: 겟 백」은 각각 제1차 세계대전과 비틀스라는 역사의 편린을 영원화하려 시도한 결과다. 단순히 채색과 리마스터링을 통해 복원하는 데 그치지 않고 인공지능을 활용한 디에이징(de-age) 기법까지 동원했으니 말이다. 영원화는 제작사들로 하여금 자신들이 보유한 IP를 되살려 내어 오래전 만들어진 창작물에서 마지막 한 푼까지 쥐어짜고 일종의 영생을 이룩할 수 있도록 해 준다.

모든 매체에는 역사적 맥락이 있다. 잭슨 같은 제작자들은 그걸 잘 알고 있다. 그렇기 때문에 비틀스 영상 복원에 몇 년씩이나 공을 들인 것이다. 그런데 어떤 사람들은 매체라는 것을 단순히 과거가 송출될 수 있는 통로로만 생각하는 듯하다. 통로에 있는 흙과 불순물을 제거해서 더 투명하게 만들기만 하면 과거의 실제 모습이 반짝이며 나타나리라고 믿는 것이다. 하지만 잭슨은 과거에 묻은 흙을 털어 내어 진실을 밝힌 것이 아니다. 단지 진짜 과거를 닮은 시뮬레이션을 만들어 낸 것에 불과하다. 루크 매커넌의 말처럼 그는 과거의 영상에서 정직함의 요소를 씻어 내고 현재의 기록으로 만들어 버린 것이다.

앞서 인용한 『배니티 페어』 인터뷰 말미에 캐슬린 케네디는 2022년 조지 루커스와 공동 수상한 미국 제작자 조합 공로상을 언급했다. 조합 측에서 두 사람의 커리어를 기념하기 위해 준비한 하이라이트의 영상에 대한 말이었다.

조합에서 만들어 주신 영상을 며칠 전에 봤어요. 영상에 쓰인 자료 화면 중에는 어디서 찾으셨는지 모르겠는데 '엄청' 오래된 것도 있더라고요. 근데 그보다도 그 당시 영상을 보니 우리가 얼마나 '즐거워'하던지요. 그걸 보니 이렇게 큰 영화를 만드는 일이 옛날보다는 조금 재미가 멀어진 것 같다는 생각이 들었어요. 지난 한 10년 동안 지분이나 투자처럼 사업적인 요소들이 더 많이 개입돼 온 것 같아요. 저는 즉흥적으로 재미있게 만들어 보자는 그런 느낌이 사라지지 않게 조심해야 한다고 생각해요. 그래서 늘 생각해요. 재미있게 하자.[36]

처음으로 작품을 선보일 때에는 모두 신이 나기 마련이다. 하지만 그것이 프랜차이즈로 이어지고 연속성 유지 자체가 목적이 되고 나면 케네디가 말하는 그 재미라는 것은 사라지기 쉽다. 제작 분위기가 바뀌면서 예기치 못한 일은 점점 허용되지 않는다. 그러면서 연기자들은 연두색 세트장에서 판지로 만든 인물에게 혼잣말로 대사를 하거나 아니면 광활한 스크린에 펼쳐진 낯선 세계 한복판에 놓인 채 연기하는 상황에 점점 더 자주 놓이게 되는 것이다.
　IP의 리부트는 첫걸음에 불과하다. 다음은 그것의 생명력을 유지하는 일이다. 되살린 작품에 새로운 이야기를 집어넣고 계속해서 재유통시켜야만 한다. IP가 과거로 휩쓸려 가지 않게 하려면 우리는 지속적이어야 한다. 과거로 휩쓸려 간다는 것은 훗날 하이라이트 영상 속에서 잠깐 동안 모습을 드러낼 때 우리가 그때 얼마나 행복했는지 상기시키는, 잊힌 추억이 된다는 의미다. 지속적 스토리텔링이 계속되면 노스탤지어는 자리를 잃고 만다. 대중음악의 금융자산화도 이와 비슷한 수순을 밟았다. 자산 운용사는 나이를 먹어 가는 스타들로부터 발매곡에 대한 권리를 사들인 다음, 그 음악을 대중문화 전반에 범람시키고 스트리밍 저작권료를 쓸어 들인다. 밴드 플리트우드 맥의 음악이 광고나 소셜 미디어부터 오프라인 상점까지 모든 곳에서 들리게 된 것이 그저 플리트우드 맥에 대한 대중의 노스탤지어가 강해서만은 아니다. 그건 그들의 음악 카탈로그를 사들인 힙노시스, 프라이머리 웨이브, BMG 같은 음악 투자사가 자신들과 계약한 아티스트들의 음악으로 대중에게 융단 폭격을 가하는 역할에 충실했기 때문이다.[37] 보유한 IP가 대중의 기억 저편으로 휩쓸려 가서 훗날

상실을 느끼게 하는 유령으로 돌아오게 될 위험을 막을
수만 있다면 어떤 방법이든 환영이다. 이런 재활성화
기법에 익숙하지 않은 사람들은 그 진정성에 의문을 품을
법하다. 진짜 비틀스 맞아? 진짜 「스타워즈」 맞아? 이게
진짜 노스탤지어 맞아? 어떤 느낌인지 잊어버린 건 아닐까?

영원은 지구상의 장소:

세상에는 영원하지 않으면—또는 영원하리라 기대할 수
없으면—실패로 간주되는 것들이 있다. 연인 사이에는 이별이
있고, 사업에는 폐업이 있고, 좋아하는 드라마에는 마지막
회나 조기 종영이 있다. 근래에는 친구와 연락을 유지하는 일,
사업을 지속하는 일, 연인 관계를 지속시키는 일, 젊음을 오래
유지하는 일을 돕는 여러 서비스들이 큰 수익을 내고 있다. 또한 뇌의
의식을 컴퓨터에 업로드하거나 신체를 극저온에 얼리는 것과 같은,
수명 연장을 위한 환상적인 이론을 현실화하려는 시도도 꾸준히
이어지고 있다.

특이점 신봉론자(Singularitists)는 인류와 기계가 언젠가
하나가 될 것이라 믿고, 가상현실 옹호론자는 업로드된 의식 상태로
영원히 뛰놀 수 있는 디지털 천국이 오리라 외친다. 영화나 드라마가 끝난
자리에는 언제나 후속작이나 리부트의 가능성이 남는다. 성장이 지상 최대
목표인 경제체제 속에서 영원히 성장하지 못하거나 성장을 거부하는 것은
비난받는다. 하지만 모든 것이 영원할 수 없다는 것은 엄연한 진실이다.

다양한 분야에서 여러 대상을 영원히 존재하게 하려는 노력들이
계속되고 있지만, 아무래도 큰 틀에서 자본주의 번영의 기반이 되는 것은
일회용인 것, 순간적인 것, 의도된 구식화(舊式化), 단기적인 소비 욕망 등이다.
일정 시간이 지나면 작동을 멈추도록 계획된 전자 제품이나 패스트 패션, 일회용
플라스틱 등은 영원하지 않다고 여겨지는 대표적인 것들이다. 그러나 현실에서는
이것들은 전부 영원한 존재다. 그저 우리 눈에 보이지 않는 곳에서 영원히 존재할 뿐이다.
많은 사람들이 매일 내다 버리는 플라스틱 생수병을 예로 들자. "내다" 버린 생수병은

어디로 가는가? 그것은 마치 지금 이곳에 더 이상 없고 어디서도 볼 수 없게 영원히 사라진 것으로 보인다. 그러나 작가 겸 활동가인 조지 몬비오는 엄밀히 말해 무엇을 "'내다' 버리는 것은 불가하며, 그건 여전히 지구상에 있다"는 사실을 강조한다.[38] 플라스틱 생수병은 없어지는 것이 아니라 한 곳에서 다른 곳으로 옮겨지는 것뿐이다. 우리 눈에 보이는 곳에서 보이지 않는 곳으로, 지금을 떠나 환경과 지속 가능성을 고민하는 많은 이들의 마음을 무겁게 만드는 어떤 영원으로 말이다.

우리가 내다 버리는 많은 것이 매립지나 바닷속에 처박힌다. 맥주 한 팩을 묶는 플라스틱 고리는 미세 플라스틱으로 분해되어 결국 인간 및 다른 동물이 섭취하기에 이른다. 오래된 스마트폰, 컴퓨터와 같은 전자 폐기물을 매립하면 중금속뿐 아니라 "영원한 화학물질"이라 불리는 과불화화합물(퍼플루오로알킬 및 폴리플루오로알킬, PFAS)을 배출한다. 2020년에 발표된 논문에 의하면 휴대전화와 탄약, 포말소화제, 기타 줄 등 많은 것들이 이런 영원한 화학물질을 함유하고 있으며 그중에는 분해되는 데 수백 년이 걸리는 것도 있다고 한다.[39]

영원주의를 소개한 트렌드워칭 브리핑은 환경을 위해 "지금"에만 집착하는 소비사회의 초점을 다른 데로 옮기기를 제안한다. 소비자는 어떤 것이 낡으면 새것으로 교체하는 대신 특정 부품만 구매하면 된다. 새로 나온 스마트폰을 사는 대신 모듈 하나만 사서 업데이트를 하는 식이다. 오래 가는 하드웨어 위에 "환경을 오염시킬 일 없는" 소프트웨어를 계속 업데이트하며 쓰는 것이 트렌드워칭이 말하는 긍정적인 방향이지만, 이것이 왜 환경에 좋은지에 대한 정확한 설명은 없다. 오랫동안 존재하는 상품들의 영원주의와 일회용 플라스틱을 만드는 지금주의는 상호 배제적이지 않다. 지구 환경에 무리를 주는 것은 둘 다 마찬가지이기 때문이다. 지금은 곧 일회성이고 영원은 곧 성장이라고 인식하는 사람들에게 이는 불편한 진실일 것이다.

영원주의와 지금주의는 둘 다 노스탤지어를 방지하는 효과가 있다. 영원주의가 무언가로 하여금 과거로 사라지지 않도록 함으로써 노스탤지어로 가는 첫걸음을 막는다면, 지금주의는 오래된 것을 새것으로 교체함으로써 그것에 대한 노스탤지어를 느낄 틈이 없게 하려는 시도다. 흘러간 기술이나 패션에 대한 애착이 새로운 기기나 트렌드의 등장으로 단절될 수는 있다. 트렌드에 맞추어 가려는 마음에서 오래된 것을 얼른 치우고 내다 버리는 것이다. 하지만 그렇다고 해서, 그에 대한 노스탤지어까지 완전히 사라지는 것은 아니다.

영원하리라고 선전하는 것이 실제로는 영원하지 않을 수 있고, 오늘만을 위한다고 되어 있는 것이 실제로는 영원히, 또는 걱정스러울 정도로 오랫동안 살아남을 수도 있다. 영원히 현재에 남는 것 중 가장 큰 불안을 주는 것은 핵폐기물이 아닐까. 방사성폐기물의 적정 보관 기간에 대해서는 의견이 분분하다. 1만 년? 100만 년? 충격적이게도 전문가를 포함한 그 누구도 정확한 답을 모른다. 다 쓰고 난 연료를 땅 밑 깊숙이 묻을 수는 있지만 이는 미래에 위협이 되는 미봉책에 불과하다. 어떤 과학자들은 보관 기술이 발달한 미래에는 쓸 만한 장기 보관 해결책이 나오리라고—마치 그것이 하늘에서 떨어질 것처럼—낙관한다. 미래 지구의 거주민들이 핵폐기물 경고 문구의 언어를 이해하지 못할 수 있다는 점을 고려하면 그건 위험한 도박이 아닐 수 없다. 이를 위해 터무니없는 '핵 기호학적' 방안이 제안된다. 그중 하나로 '방사선 고양이 해법'이 있다. 방사선에 피폭되면 녹색으로 빛나는 고양이를 교배해 미지의 핵폐기물 매립지 위치를 알린다는 구상이다. 물론 빛나는 고양이가 주는 경고의 의미를 미래 인류가 알 것이라는 전제에서다. 어떻게 수십만 년 후 인류에게 지하에 묻힌 엄청난 유독성 폐기물의 존재를 알릴 수 있을 것인가? 알아챌 인류가 그때까지 남아 있기는 할까? 어쩌면 인류가 영원하리라는 생각은 영원주의 사회만의 막연한 전제가 아닐까.

핵폐기물은 영원한 것이 진보와 동일하다는 믿음을 손상시키기 때문에 영원주의 사상에 대한 위협이 된다. 그렇기에 눈에서도 마음에서도 멀어질 수 있게 지하 깊숙한 곳에 묻어 둔다. 취약하기 짝이 없는 진보 서사를 복잡하게 만드는 모든 영원한 존재처럼, 핵폐기물도 상대적 비가시성을 확보하는 것이 중요하다. 그것을 보면 영원주의에 의문을 갖게 되기 때문이다. 진보 찬양에 앞장서는 엘리트들은 영원히 긍정적으로 존재하는 것만 대중 앞에 내세운다. 그러나 영원을 확약하는 많은 존재 중 그나마 덜 유해한 것들이라고 해서 완전히 물질성에서 자유로운 것은 아니다. 영원주의는 오직 이론상으로만 초월적이다. 현실에서는 절대 지구상의 과정과 인간의 노동을 벗어날 수 없는 법이다.

영원주의라는 위태로운 약속의 반노스탤지어적 성향을 보여 주는 또 다른 예시로 데이터 센터가 있다. 전 세계 데이터 센터에 분포된 서버들은 '클라우드'라는 이름으로 수없이 많은 이미지, 영상, 콘텐츠 등 온갖 종류의 정보를 보관하고 있으며 그중 일부에는 '추억'이라는 이름이 붙는다. 포에버 스튜디오와 아이메모리 같은 디지털 자료 변환 서비스는 고객의 아날로그 추억을 클라우드에 영원히 저장하는 서비스를 제공한다. 앞서 나는 잠깐 아이메모리가 VHS로 녹화된 홈 비디오 영상을 클라우드에 저장하여 어느 기기로든 접근할 수 있게 함으로써 "당신의 추억을 영원화해 준다"고 약속한다는 점을 언급했었다.[40] 디지털 전송 회사의 고객들은 추억을 안전하게 보관하고 편리하게 접근하기 위해 클라우드 기반 시설에 의존하는데, 추억을 클라우드상에 영원화하는 것은 막대한 비용이 드는 불안전한 과업이다. 환경 측면에서는 클라우드 기술 자체가 재앙이기 때문이다. 물론 데이터 센터의 겉모습만 보아서는 그렇게 보이지 않을 수 있다. 핵폐기물과 비교하면 훨씬 덜한 해악처럼 보이는 것은 사실이다. 그러나 현재 기준 데이터 센터의 이산화탄소 배출 총량, 즉 탄소 발자국은 전 세계 항공 산업과 비슷한 수준이며 에너지 사용량도 매년 증가하고 있는 실정이다.

미디어 학자 멜 호건은 데이터 센터가 스웨덴 북부 노드 폴(Node Pole)과 같이 대중의 시야를 벗어난 "기업 유치 지구"와 "북극권 은신처" 등에 위치해 있다는 점을 지적한다.[41] 데이터 센터는 화석연료에 의존한 전력망에서 에너지를 취하기에 "친환경"이나 "무형"과는 거리가 멀다. 호건은 데이터 센터를 단순히 정보를 보관하는 용기나 유치장으로 취급하기보다는 기록 보관소 (archive)로 생각해 볼 것을 제안한다. 우리가 저장하는 정보를 언제든지 열람할 수 있도록 해 주겠다 장담하는 특수한 기록 보관소로 말이다.[42] 그에 따르면 "기록 보관 담당자들은 정보의 감정(鑑定)이 특정한 맥락 내에서 중요한 정보를 걸러 내는 정치적이고 의도적인 행위라는 점을 수십 년 전부터 알고 있었다. 모든 것을 다 저장하지 않는 것이 바로 기록 보관의 본질이다."[43] 반면 클라우드는 모든 것을 저장할 수 '있는' 듯한 착각을 준다. 결코 그럴 수 '없을' 것 같은 때에도 말이다. 2017년까지 미 의회 도서관이 트위터의 모든 트윗을 보관하다가 너무나 방대해진 규모 때문에 해당 프로젝트를 중단했을 때 준 교훈이 바로 이것이다.[44]

데이터 보관은 무분별한 영원화를 부추긴다. 미래에 무엇을 그리워할지 모르기 때문에 몽땅 저장하는 게 최선이라는 식이다. 여기서 중요한 것은 정보를 원본 그대로 보존하는 것이 아니라 우리가 영원히 언제든 찾아볼 수 있게 그것을 지척에 두는 것이다. 이런 총체적 영원화는 호건에 따르면 "스스로의 제약 조건을 부정하고 있기 때문에 실패할 수밖에 없다".[45] 지구상 전 인류를 위한 정치는 어떤 형태로든 정보의 감정, 즉 어떤 것이 저장할 가치가 있고 어떤 것은 잊혀도 좋은지 분별하는 작업을 수반할 것이다.

세계에 데이터 센터가 몇 개나 있는지는 아무도 모르지만, 우리의 눈에 뻔히 보이는 곳에 숨어 있다. 핵폐기물 보관소와 마찬가지로 아예 보이지 않고 존재할 수는 없는 것이다. 대신 일종의 수사학적 은폐가 이루어지는데, '클라우드' 따위의 이름을 붙여서 데이터 센터의 물질적 영향과 취약점이 느껴지지 않게 하는 식이다. 엄청난 양의 정보가 데이터 센터에 저장되어 있지만 우리에게 접근 권한이 있다고 해서 정보의 열람이 언제나 당장 가능한 것도 아니다. 데이터 유출이나 각종 침입, 삭제 등도 얼마든지 발생할 수 있다. 데이터가 클라우드에 영원히 저장된다고 약속하지만 그것이 사고로 한순간에 날아갈 수도 있다. 소셜 미디어 서비스 마이스페이스에 업로드된 5천만 곡 이상의 음악이 2019년 서버 이전 과정에서 사라진 사례를 보면 알 수 있다.[46] 만약 아마존 웹 서비스 (AWS)가 서버에서 특정 회사나 정부를 쫓아내려고 마음만 먹으면 얼마든지 그렇게 할 수 있다. 그리고 2020년 하순에 미 버지니아 북부에서 발생한 대형 서버 장애 같은 사고가 발생하면 감시 카메라부터 신용카드사, 에너지 사업까지 전부 먹통이 되는 일이 발생하기도 한다.[47] 심지어 미 중앙정보국(CIA)도 극비를 포함한 모든 등급의 기밀 업무를 AWS에 의존하고 있다. 그 서버들에 문제가 생기면 어떤 일이 벌어질까?

이미지와 영상 따위를 '추억'으로 제시하는 것이 새로운 현상은 아니다. 많은 가정에서 VHS로 녹화한 홈 비디오테이프를 추억으로 여기고 간직하며 언제든 꺼내 볼 수 있게 해 둔다. 새로운 것이 있다면 그런 '추억'이 클라우드에 저장되는 속도다. 디지털화된 '추억'은 온라인과 개인 전자 기기 그리고 클라우드에 쌓이며 순간이라는 이름으로 납작해진다. 잊지 못할 순간, 언제나 다시 꺼내 볼 수 있는 순간. 하지만 이런 '추억'의 양은 너무나 방대하기에 선택 마비를 일으켜 일일이 열어 보고 돌아보지 못하게 하는 결과를 낳는다. '추억'의 디지털화는 과거를 언제나 손 닿는 곳에 두어 노스탤지어를 몰아내려 시도하지만, 영원화의 모든 형태가 그렇듯이 오히려 노스탤지어를 이끌어 내고 마는 것이다.

트렌드워칭 브리핑의 내용을 보면 영원주의는 환경에 그나마 이로운 것처럼 보인다. 하지만 영원주의가 "오염을 일으키지 않는다"라고 말하기에는, 생명 유지가 불가할 정도로 뜨거워진 지구 위에서는 그 무엇도 영원할 수 없다는 대전제가 있다. 영원주의는 자본주의가 낳은 지금주의의 "친환경적" 대안이 결코 아닌 것이다. 영원주의는 지금주의만큼이나 이 행성의 미래를 위협하고 있다.

이 점을 살펴보기 위해 전기 자동차를 예시로 들어 보자. 전기차는 일견 '친환경적'인 것처럼 보이나, 데이터 센터와 마찬가지로 기후 위기 극복에 도움이 되지 않는다. 둘 다 화석연료로 돌아가는 전력망에 의존한다는 점은 같기 때문이다. 『어디로도 나지 않은 길』(Road to Nowhere)의 저자 패리스 막스는 전기차가

"배기가스 배출 여부에만 집중하는 환경 관련 수사 때문에 친환경적으로 보일 뿐이며, 이는 공급망에 만연한 해악과 자가용 중심 토지 개발의 지속 불가능한 성격을 고려하지 않는 것"이라고 말한다.[48] 미국 내 대부분의 충전소는 화석연료를 에너지원으로 삼고, 전기차 전지에 쓰이는 코발트는 콩고공화국처럼 오염이 심각한 분쟁 지역에서 아동노동을 통해 채굴되는 경우가 많다.[49] 전기차가 배기가스를 배출하지 않는다고 해도 그 생산과정이 사람과 환경에 해를 끼친다는 점은 변하지 않는다.

실상이 이런데도 전기차는 기후 위기 심화 시대 자동차의 미래로 자주 지목된다. 영국은 '배기가스 제로 차량제'를 실시해 2035년까지 단계적으로 모든 석유엔진 차를 배기가스 미배출 차량으로 대체한다는 목표를 내걸었다. 같은 해까지 미국 정부는 연방 기관에서 운영하는 차량 대부분을 전기차로 교체하기로 했다. 그런데 전기차 중에서는 옹호자들의 미래 지향적인 수사에 어울리는 초현대적 디자인도 있지만, 어떤 것들은 클래식한 석유엔진 차를 모델로 제작되기도 한다. 재규어는 1960년대 및 70년대에 생산되었던—그리고 당시를 배경으로 한 AMC 인기 드라마 「매드 맨」(Mad Men)에도 등장한—클래식 카 E타입을 기반으로 디자인한 E타입 제로를 출시했다. E타입 제로로 재규어는 "클래식 카 소유의 미래를 보장하고자" 한다. 배기가스 감축 기준을 따르면서 빈티지 승용차를 소유하는 짜릿한 느낌도 제공하겠다는 것이다.[50] 포드 역시 1978년 생산된 F-100 픽업트럭을 모델로 만들어진 F-100 일루미네이터를 내놨다. 이 차 역시 어느 정도 클래식한 외관을 가졌지만 전기차 기술로 돌아간다.

이런 레트로 전기차는 클래식 카의 디자인을 복원하는 데 그치지 않는다. 복원은 과거의 흔적을 겹겹이 벗겨 내고 새것처럼 되돌리며 처음 공개되었을 때보다도 멋지게 되살리는 것을 목표로 한다. 1978년 F-100 픽업트럭을 영원화한다는 것은 화석연료 없는 미래까지 살아남을 수 있는 신규 기술로 옛날의 오리지널을 빼닮은 새로운 트럭을 만드는 것을 뜻한다. 오리지널 F-100 한 대를 가져다 복원했다고 해서 세월과 오랜 사용에 따른 고장에 취약하다는 점이 해결되지는 않는다. 그 차는 복원된 것일지 몰라도 여전히 낡은 차다. 하지만 영원화된 자동차는 완전한 새 차다. 그것은 지금 당장뿐 아니라 석유엔진 차 판매가 금지될 먼 훗날에까지도 긴 주행 가능 시간을 보장해 준다. 그런 의미에서 이 역시 일종의 리부트라고 할 수 있다. 교통 정체와 분쟁 광물이 존재하는 같은 세계관을 공유하면서 새로운 스토리를 이어 가는 리부트. 하지만 리부트가 대개 그렇듯 오리지널과 똑같을 수는 없다. 원작에 대한 노스탤지어와 미래에 대한 불안감처럼 우리를 불편하게 하는 기분을 완전히 잠재우지는 못하는 것이다.

영원주의는 비물질적이지 않다. 비록 영원이란 개념은 초월적인 특성을 내포하는 데 비해 지금이란 시간은 손에 잡히는 물질적이고 형체 있는 것처럼 보이지만, 이러한 연관성은 얼마든지 바뀔 수 있는 것이다. '순간에 충실하자'는 강박에 초월성이 있다면 어쩌면 그건 누군가의 사랑이 영원하리라는 약속과 비슷한 수준의 초월에 지나지 않는지도 모른다. 지금이나 영원이나 우리의 '지금'을 좌우하는 전 지구적 결과를 초래한다는 점에서 다르지 않다. 과거가 현재 안으로 납작하게 합쳐지고 모든 것이 미래를 보장받으려 드는 시대에, 어떤 행동을 취해야 좋을지 모를 무력감이 우리를 엄습해 온다.

현재에 갇힌 채

영원주의 이상을 추구하며 사는 건 고된 일이다. 영원히 존재하고, 업그레이드하고, 대화하며 살아야 하니 말이다. 그 어떤 일에도 '끝'은 없기에, 아무것도 끝마칠 수 없는 정체된 기분과 끊임없이 움직이는 데서 오는 멀미를 동시에 느끼며 살아야 한다. '놓치는' 것이 없도록 한시도 경계를 늦춰서는 안 된다. 쉼 없이 개선하고 개발하고 갈아 넣고 몰아세우고 따라잡기 위해 해야 할 일에 끝이 없다. 트렌드워칭의 말대로 "과정이 곧 결과물"인 것이다. 그러나 영원주의 사회에서는 개선이 반드시 변화를 의미하지는 않는다. 성장도 중요하지만 "영원한 현재성"의 유지를 위한 연속성도 중요하기 때문이다. 영원주의 사회가 연속성을 중시하는 것은 모든 것을 추적하기 위해서다. 소셜 미디어상에서 개인은 자기 자신을 브랜딩하도록 유도되며, 스스로 운신의 폭을 좁히는 대가로 좋아요와 팔로워, 파트너십, 스폰서 등을 얻는다. 셀프 브랜딩에 충실해야 한다는 이유로 행동의 자율성이 제약된 사람은 영원주의 사회 속 포로다. 마치 시네마틱 유니버스 속 등장인물이나 다른 사람이 플레이하는 게임 속 하나의 아이콘, 또는 가상현실 속에서 발버둥 치는 신세로 전락하는 것이다. "게임" 밖 출구를 찾아 헤매는 플레이어를 기다리고 있는 것은 국경과 검문소, 그리고 지난한 절차다.

영원주의 사회는 진보보다는 현상 유지를 장려한다. 노동자의 살림살이를 낫게 하는 법안은 통과되지 않는다. 앞으로 전진하려는 사람은 부채(負債)에 발목이 잡힌다. 내 인생의 통제권이 남의 손에 있는 것 같다. 자본주의하에서 엘리트층의 수익은 갈수록 늘어나는데, 나머지 사람에게는 사소하고 점진적인 업데이트 수준의 개선이 최선이라고 한다. 취할 수 있는 행동은 한정적이고, 그마저도 이미 정해져 있어서 쉽게 예측된다. 우리에게 주어진 선택지는 없는 것처럼 보인다.

여부 아닌 시간 문제:
최근 특히 많이 들리는 표현 중 이렇게 붙잡혀 있는 듯한 느낌을 잘 나타내는 말이 있다.

바로 '여부 아닌 시간 문제'(not a matter of if, but when)이다. 이 표현은 2020년대 초 코로나19로 인한 봉쇄 조치 시기부터 유독 더 많이 쓰이는 것 같다. 미 질병통제예방센터가 "코로나19가 우리 생활에 큰 지장을 초래할 것은 '여부'가 아닌 '시간' 문제"라고 경고했던 기억이 있다. 위협에 가까운 엄중함이 느껴지는 표현이어서인지 그 무렵부터 어떤 위험을 경고할 때에도 이 표현이 쓰이는 듯했다. 사이버 공격, 경제 위기, 데이터 유출, 이다음에 올 팬데믹에까지도. 2021년에는 내 아버지도 코로나 신종 변이에 관해 말할 때 이 말을 썼고, 친구들은 커리어에 큰 변화가 불가피한 상황 속 좌절감을 표현하기 위해 이 말을 꺼냈다. "요즘 회사에서 손발이 묶여 있어. 구조 조정은 여부가 아니라 시간 문제야⋯."

'여부 아닌 시간 문제'라는 말은 마치 이러한 위기들이 전부 이미 발생하기로 정해져 있었던 것처럼 들린다. 이 표현을 쓰는 사람은 나쁜 소식을 전하는 예언자 역할을 자처해 우리 의사와는 무관하게 나쁜 일은 벌어지게 되어 있다고 일러 준다. 할 수 있는 최선이라곤 그냥 마음을 굳게 먹고 운명을 받아들이는 것뿐이다. 의료 정보 사이트 『메드스케이프』(Medscape)에 대형 병원 방사선종양학과에 사이버 공격이 발생하는 것은 여부 아닌 시간 문제라는 기사가 실린 적이 있다. 기자가 이 표현을 쓴 것은 이와 같은 공격이 "빈도와 강도 모두 증가"하고 있고 이미 가까워졌으며 점점 심화되고 있어서, 막기에는 역부족이라는 점을 전달하기 위해서였다.[51] 더 이상 예방은 소용 없고, 회복력 강화만이 살길이라는 말이다.

'시간 문제'라는 말은 정해진 미래의 존재를 선언하며 그에 대한 반박을 차단한다. 이 말은 우리에게 닥쳐오는 일에 대해 주의를 환기하는 효과는 있을지언정, '시간 문제'인 그것을 막거나 완화라도 할 수 있는 대안은 거의 제시하지 않는다. 이 말이 제안하는 것은 상대적 정체(停滯)다. 어려운 시기, 이 끝없는 겨울을 가만히 버텨 내자는 것이다. 변화가 온대도 나쁜 쪽으로만 올 것이다. 상황이 바뀐대도

안 좋은 쪽으로만 바뀔 것이다. 기업 및 군사 권력이
시장 운영성 유지를 위해 필요한 조치를 취하는 동안,
취약 계층 사람들은 생존을 위해 절약할 것은 절약하고
쓸데없는 의문을 제기하지 않으며 특히 과거를 그리워하지
않는 강인한 태도를 갖추어야 할 것이다.

　　　이 표현은 디지털 시대의 특이한 사고방식을
반영하고 있다. 마치 현실이라는 것을 방영 중인 드라마나
영화 프랜차이즈처럼 피할 수 없는 정해진 사건의 연속으로
생각하는 것이다. 등장인물이 죽거나 오래된 작품이
리부트되기는 하지만 시리즈를 관통하는 구조 자체는 바뀌지
않는다. 영원한 현재가 유지되는 가운데 사람들은 목숨을
위협하는 극심한 상황을 견디고 생존해야 할 뿐 아니라 그 경험을
통해 어떻게든 성장까지 해내야 한다. 우리가 아닌 누군가가 우리
인생의 운전대를 쥐고 있는 형국이다. 왜 아니겠는가? '시간 문제'라는
말은 다가올 미래에 있어 우리를 사전에 결정된 역할 속에 가두어
놓는다. 이러한 행위성의 고착에, 업무와 가사(家事)의 성과를
수치화하고 복잡한 관료주의를 헤쳐 나가며 연봉 인상을 위해 서로
경쟁하라는 압박이 더해지면서, 우리는 마치 게임 속에 갇힌 듯한 느낌을
받게 된다. 그리고 그 게임을 통제하고 있는 것은 저 멀리 있는 어떤
가학적인 게이머이다.

　　　그 속에 갇힌 우리는 자동화된 로봇이 아니다. 그보다는 갇혀 있다는
사실을 깨닫게 된 이야기 속 등장인물에 가깝다. 앞날이 다 짜인 세계에 사는 것
자체는 나쁠 것 없다고 생각할 사람이 있을지도 모르겠다. 하지만 그 세계가
나에게 적대적인 세계라면 이야기가 달라진다. 그러면 누구든 시뮬레이션인
그 세계를 벗어나 바깥의 진짜 세계로 탈출하기 위해 레벨업하려고 발버둥을 치게
될 것이다. 모든 것이 거꾸로인 남의 우주 속, 악랄한 현실에 갇힌 처지를 깨닫는
데서 오는 심오한 공포가 우리를 기다리고 있다.

　　　존 스칼지의 『레드셔츠』(Redshirts)는 등장인물이 이런 충격적인
깨달음을 얻을 때 일어나는 일을 그린 소설이다. 은하 너머 비행하는 우주선 '용맹호'에

승선한 승무원들은 자신들이 TV 시리즈 속 등장인물이 아닌가 하는 의심을 품기 시작한다. 그중 한 명인 주인공 앤드루 달 소위는 이상한 점을 눈치챈다. 하급 승무원의 사망 사고는 자주 발생하는 데 비해 고위 장교들은 위험천만한 상황에서도 온전하게 탈출하거나 과도한 수준의 부상을 입고도 죽지 않는다는 점이다. 고참 장교와 함께 행성 표면으로 임무를 나가면 엽기적인 죽음을 당할 가능성이 큰 까닭에 승무원들은 최대한 장교들을 피해 다닌다. 죽음의 방식도 "낙석에 맞아 사망, 유독성 대기 흡입으로 사망, 펄스 건에 맞고 기화되어 사망" 등 가지가지다.[52] 달 소위는 장기 복무 승무원들이 이러한 현상에 '제물 효과'라는 이름까지 붙였다는 것을 알고 충격을 받는다.

용맹호에는 다른 이상한 일도 많이 일어난다. 달 소위가 외계 행성을 황폐화시키고 있는 전염병의 치료를 위한 "역세균제"를 제조하라는 임무를 받자, 난데없이 전자레인지처럼 생긴 상자가 나타난다. 그 속에 물약 병을 넣고 닫으니 몇 시간 후 땡 소리가 난다. 다음 임무는 다리가 있는 곳까지 달려가 거기 있는 과학 장교에게 태블릿에 나타나는 아무 의미도 없는 데이터를 전달하고 나서 최대한 빨리 복귀하는 것이다. 어떤 동료 승무원은 가끔씩 극적으로 과장된 호들갑을 떨다가 금방 싹 정색을 하기도 한다. 우주선에 타고 있는 한 은둔자는 달 소위에게 "서사"를 피하라고 조언한다.

달 소위와 동료 승무원 몇은 드디어 실상을 깨닫는다. 그들의 삶은 2007년부터 여러 시즌에 걸쳐 케이블 TV에 방영된 드라마 「용맹호 연대기」의 작가들에 의해 조종되고 있던 것이다. 드라마에서 일어나는 모든 일은 어떤 식으로든지 용맹호에서도 일어난다. 작가가 드라마 속 인물을 죽이면 얼마 지나지 않아 현실에서도 그 인물이 죽는 식이다. 달 소위와 동료들은 시간을 거슬러 가서 드라마 제작을 중단시키지 않는 이상 그들 역시 끔찍한 죽음을 맞게 되리라고 우려한다.

반전이 드러나기 전 소설 전반부는 군사적 관료주의에서 발생하는 여러 답답한 상황들, 승무원들의 안위에 무관심한 고위 장교들, 그런 장교들에게 승무원들이 아첨하기 위해 하는 행동들 등을 주로 다룬다. 죽임을 당한 승무원은 곧장 새로운 승무원으로 교체된다. 용맹호에는 살인 무기의 총알받이로 인력을 계속 던져 넣는 경로가 마련돼 있는 듯하다. 용맹호의 불합리하고 경직된 운영 방식에 기합한 달 소위는 왜 고위 장교들의 위험한 원정 임무에 하급 승무원들이 동행해야 하는지 의문을 제기한다. 장기 복무 승무원들에게 이렇게 높은 승무원 사망률을 군 수사 당국이나 언론에 제보한 적은 없냐고 묻자, 그래 봤자 용맹호 지휘관들의 무능을 증명할 증거가 없다는 결론이 내려질 뿐이라는 답이 돌아온다. 그냥 그렇게 되어 있을 뿐이라는 것이다. 용맹호에 승선한다는 것은 언젠가 때 이른 죽음을 맞이하는 것이며, 이에 대해 그 누구도 어찌할 수 없다. 운명은 이미 정해져 있다. 달 소위는 한탄한다. "내가 죽는 건 여부 아닌 시간 문제로구나."[53]

고위 장교 중 케렌스키 중위라는 자가 지난 삼 년 동안 두 달에 한 번 꼴로 엄청난 중상을 입고도 죽지 않았다는 사실에 달 소위는 특히 놀라 동료 승무원에게 말한다. "지금쯤 태아처럼 웅크리고 몸을 사려도 모자란데. 저 사람은 가만 보면 겨우 회복하자마자 곧바로 다시 두드려 맞는 것 같아. 믿을 수가 없어."[54] 이 소설 속에서 케렌스키는 회복력의 모범 같은 사람이다. 어떤 심한 부상을 입어도 죽지 않는, 무정한 체제 속 이상적인 일꾼이자 고통의 감정 따위는 느낄 시간도 없는 인물인 셈이다. 줄거리 전개를 위해서라면 그는 어떤 외상이든 기꺼이 견뎌 낸다.

『레드셔츠』의 등장인물들이 깨달은 것은 이 세계의 권력 체계가 자신들을 가두는 서사를 영원히 현재 속에 지속시키기 위해 조직되어 있다는 점이다. 어떤 인물은 소모품이어서 빨리빨리 죽어 나가고 어떤 인물은 계속해서 살아가지만, 떠나간 동료들에 대한 눈물이나 노스탤지어는 허락되지 않는다. 이런 부조리 속에서 그들이 할 수 있는 유일한 일이라고는 서로와 끊임없이 대화하는 것뿐이다.

존 스칼지의 이 소설은 거의 전체가 대화로 이루어져 있다. 등장인물들은 쉬지 않고 말을 한다. 자신들에게 일어나는 부조리한 일들에 대해 펼치는 만담과 해석이 그 주된 내용이다. 스칼지가 대사에 사용한 언어는 각본가 조스 휘던이 유행시킨 휘던식 화법(Whedonspeak)과 비슷하다.「뱀파이어 해결사 버피」(Buffy the Vampire Slayer)나「캐빈 인 더 우즈」(The Cabin in the Woods) 등을 작업한 휘던은 주인공들이 스스로 픽션 속에 있다는 것을 어렴풋이 인지하고 있는 듯한, 혹은 TV 속 극적 표현법들에 대해 어느 정도 익숙하고 그것을 끊임없이 짚고 넘어가야 할 필요를 느끼는 듯한 특유의 인물 작법으로 악명이 높다. 휘던의 이야기 속 인물들은 잠자코 있는 순간이 거의 없고 다른 등장인물이―그리고 관객이―알아들으리라는 전제 아래 온갖 레퍼런스를 던진다. 구체적인 이름 대신 '이것저것', '그런 것 말이야' 같은 말로 넘어가면서 다들 이해하기를 기대하기도 한다.『레드셔츠』대사 중 특히 지독한 휘던식 화법으로는 앞서 언급한 전자레인지 같은 상자가 등장하고 나서, 다른 승무원인 콜린스가 달 소위에게 용맹호 생활이 겉보기와 다르다고 토로하는 장면을 들 수 있다.

> 앤디, 그래 봤자 어쩌겠어? (…) '안녕하세요, 용맹호에 오신 것을 환영합니다. 고참들을 피해 다니세요. 안 그러면 원정 임무 때 죽게 되니까요. 참, 여기 마술 상자 보이시죠? '불가능한 일' 해결용이랍니다!' 이렇게 말하면 첫인상이 참 좋겠다, 그렇지?[55]

이처럼 승무원들은 아무것도 바꿀 수 없이 무력감뿐인 현실 속에서 유일한 무기인 비꼬기를 동원한 대화를 계속 나눌 수밖에 없다. 말을 멈추는 순간 두려움과 슬픔, 그리고 노스탤지어가 밀려올 것임을 알기에.

휘던식 화법은 탈출 불가한 서사 속에 갇힌 등장인물, 즉 영원화된 등장인물의 공용어가 아닐까 싶다. 그들이 할 수 있는 최선은 '그들 스스로도' 이 현실이 가짜이며 어떤 보이지 않는 힘이 대본과 논리를 이용해 그들을 조종하고 있음을—하지만 그들이 (혹은 우리 독자들이) 그것을 거스를 방도는 없음을—알고 있다는 것을 넌지시 드러내는 눈짓뿐이다. 방향을 바꿀 수 없고 출구도 없는 세상 속에서 영원히 존재하고 영원히 대화하는 것이다.

수많은 히어로물과 SF, 판타지 작품이 대사에 생기를 불어넣기 위해 휘던식 화법을 동원한다. 조스 휘던 본인이 쓰고 감독한 영화「어벤져스」와「어벤져스: 에이지 오브 울트론」(Avengers: Age of Ultron), 비디오 게임「마블 어벤져스」(Marvel's Avengers), 영화「던전 앤 드래곤: 도적들의 명예」(Dungeons & Dragons: Honor Among Thieves), 그리고 특히 악명 높은 예시로는 넷플릭스의「카우보이 비밥」(カウボーイ ビバップ) 리부트가 있다.(「카우보이 비밥」리부트는 이 장 후반부에서 더 깊게 다룰 예정이다.) 이들 작품 속 등장인물은 단지 그들이 마주하는 사건에 일침을 가할 뿐 아니라, 『레드셔츠』속 인물처럼 말 자체가 많다. 장면마다 누가 무엇을 하고 있는지 모든 디테일을 설명하지 않으면 골수팬을 제외한 대부분의 관객은 무슨 일이 일어나는지 이해하지 못할 수 있기 때문이다. 팬들이 이야기에 대한 기억을 환기하고 새로운 관객은 줄거리를 따라잡을 수 있도록 극작가는 등장하는 모든 소재와 과거 사건에 대한 설명을 과도하게 집어넣는다. 그 결과, 작품에서 침묵이나 사색의 순간은 찾기 힘들어진다.

영화 속 인물들이 모든 순간을 대화로 채우는 동안 현실의 팬들도 대화를 이어 가며 역할을 다한다. 팬들은 좋아하는 프랜차이즈 시리즈를 소비하는 데 그치지 않고 소셜 미디어에서 이야기를 나누거나 줄거리와 인물을 분석하는 팟캐스트를 진행한다. 이는 해당 IP의 수명을 연장시키는 일임과 동시에 국기나 지도자에게 하듯이 예를 표하는 것이자 마치 의무처럼 과거의 위대한 작품을 기리는 것이기도 하다. 이것을 일이라고 느끼지 않을 수 있지만, 그렇다고 일이 아닌 것은 아니다. 대화를 멈추지 않고 이어 가는 것도 일인 것이다.

들뢰즈는 말했다. "억압적 권력은 자기표현을 막지 않는다. 오히려 자기표현을 강제한다. 아무런 할 말이 없다는 것, 아무 말도 하지 않을 권리가 있다는 것은 얼마나 다행인가. 오직 그때 말로 할 가치가 있는 드물디드문 것을 말할 기회가 있는 것이니."[56] 다시 말하면 쉴 새 없는 소통은 의미 있는 말이 오갈 가능성을 해친다. 매 순간 남과 대화할 수 있다손 치더라도 무엇에 대해, 누구의 뜻에 따라 말하는 것인지에 대한 생각이 없다면 그것은 무의미하다. 이 점은 소셜 미디어상의 소통에서 특히 중요하다. 소셜 미디어의 주된 장점 중 하나가 타인과의 끊임없는 소통이라지만, 온라인상 표현의 자유는 고르게 분배된 것이 아니다. 소셜 미디어 플랫폼이 공공 영역은 아닌 것이다. 온라인은 누구나 목소리를 낼 수 있는 민주화된 공간처럼 보이지만 실제로 그 판을 짜는 것은 디지털 플랫폼사들이다. 플랫폼은 이용자들의 참여를 유도하여 데이터를 쌓고, 이 데이터는 미디어 제작사들이 다음 리부트작의 광고 대상을 정밀하게 조준하는 데 사용된다.

영원화된 세계는 끝없이 확장 중이다. 그 속에서 살아가는 것은 피곤한 일이다. 망각을 향해 돌진하는 우주선에서, 위험이 비껴가는 고위 장교들과 달리 언제든 버려질 수 있고 폭력에 노출된 일개 승무원으로서 점호를 하는 것. 우리는 우리 스스로를 셀프 브랜딩해 기업에 '팔아넘길' 것을 종용받는다. 그 결과 우리는 주어진 경직된 역할에 순응하도록, 아무런 상실이나 고통도 느끼지 못하고 휘뚜루식 화법으로 시니컬한 수다에만 전념하는 골 빈 시트콤적 인물을 연기하도록 강요받는다. 스스로의 운명을 알고 있으면서도 안다는 신호를 보내는 것 외에는 할 수 있는 것이 없다. 이런 세상에서 노스탤지어를 느낄 여지는 없다. 떠나간 것을 기릴 수도, 안정된 미래를 갈망할 수도 없다. 하지만 상실은 우리를 반드시 찾아오기 마련이다. 그건 여부가 아니라 시간 문제다.

봄이 오긴 한다면:
지금까지는 영원주의가 과거를 현재 속에 지속시킴으로써 노스탤지어를 막는

과정을 살펴보았다. 그런데 강제된 기억만큼이나 반노스탤지어적인 것이 바로 강제된 망각이다. 그 역시 현재 속에 사람을 가두는 결과를 낳는다.

과거 없이 살아가야만 하는 세상이 주는 공포를 오가와 요코의 소설 『은밀한 결정』(密やかな結晶)— 1994년에 출간되고 2019년에 '기억 경찰'(The Memory Police)이라는 제목으로 번역된—에서 찾아볼 수 있다. 이 소설은 이름 없는 섬에 사는 주민들이 주변의 사물들이 하나씩 사라지면서 서서히 기억을 잃어 가는 이야기이다. 소멸은 예고 없이 찾아온다. 거창한 발표 같은 것은 없다. 주민들은 그저 어느 날 아침 일어나서 왠지 무언가 없어진 듯한 기분을 느끼고, 서서히 무엇이 사라졌는지 알게 된다. 꽃이나 모자, 향수 등 소멸된 물건을 숨기고 있는 사람이 있다면 그들 역시 무정하게 능률적인 '기억 경찰'의 군홧발 아래 소멸당하고 만다. 섬사람들은 스스로 소멸을 행하는데 이는 그저 기억 경찰의 색출이 두려워서뿐만이 아니라, 물건에 대한 기억이 수명을 다한 이상 그 물건은 쓰임새를 잃기 때문이다. 냄새를 맡을 수도 없고 오래된 추억의 노스탤지어를 불러일으키지도 않는 향수를 어디에 쓴단 말인가? 소설을 펼쳤을 때 종이 위의 글자와 이야기가 헛소리로밖에 읽히지 않는다면 소설이 무슨 소용인가?

『은밀한 결정』은 흐려져 가는 기억 하나로 시작된다. '나'는 어머니에게 소멸에 관해 묻는다. 어머니는 대답한다. "아침에 일어나면 그냥 끝나 있을 거야. 네가 알기도 전에 말이야. 가만히 누워서 눈을 감고 귀를 기울여 아침 공기를 느껴 보렴. 밤새 뭔가 달라졌다는 걸 느끼게 될 거야. 무언가 없어졌구나, 또 어떤 것이 이 섬에서 사라졌구나, 하고 알게 되지."[57]

달력마저 사라진 섬은 끝없는 겨울을 맞는다. 그치지 않고 눈이 내린다. 겨울이 영원할 것이라고 우려하는 사람들이 있다. 전에 모자 장수였던 사람이 중얼거린다. "봄이 오기는 하려나. 생각해 봐. 달력이 없으니 아무리 기다려 봤자 새로운 달이 오지 않잖아. (…) 그러니 봄도 오지 않는 게지."[58] 봄이 없다면 작물도 없을 것이다. 꽃도 피지 않는다.

소멸은 섬의 일자리도 바꿔 놓는다. 모자가 없어지고 나서부터는 모자 장수가 우산을 만들어야 한다. 선박 정비사는 경비원으로 전직한다. 소설이 사라지고 나자 소설가였던 '나'는 향신료 회사에서 타자원 일을 구한다. 단어로 예술을 만들던 일은 타자를 치는 손짓으로 대체된다. '나'는 소설을 쓰는 대신 사무실에서 하루 열 시간 타자를 치고, 서류를 철하고, 전화를 받는다. '나'는 일을 시작한 지 얼마 지나지 않아 일과 가사를 병행하기가 힘에 부치게 된다.

소멸이 강제된 세상에서 보존의 가치는 더욱더 높아진다. 기억을 간직한 사람들에게는 아주 작은 사물 하나도 소중하기 그지없다. '나'의 편집자 R 씨는 섬에 몇 명 남지 않은 '기억을 잃지 않는 자'다. '나'는 R 씨를 집 안 밀실에 기억 경찰로부터 숨겨 주기로 한다. 바닥의 비밀 문을 통해서만 들어갈 수 있고 좁은 침대 하나 겨우 놓을 수 있는 그 작은 방은 창문도 없고 지금이 언제인지 알 방도도 없는 감옥과 다름없다. 반면 기억 경찰 본부는 천장에 매달린 샹들리에, 가죽 소파, 벽에 걸린 태피스트리까지 호화로운 모습이다. 섬 전역의 대규모 소멸에도 기억 경찰 본부만은 아무런 영향을 받지 않은 듯하다. 줄거리가 전개되면서 기억 경찰은 소멸을 예견해 선제 대응하거나 소멸된 물건들을 보유할 수 있음이 드러난다.

'나'는 은신처에서 몸이 쇠해 가는 R 씨의 처지를 연민하지만, 그것이 모든 기억을 잃지 않는 그가 치러야 할 대가일지도 모른다고 생각한다.

공기도 소리도 통하지 않고 발각과 체포의 공포만이 가득한 이 비좁은 방에서 지내기 위해 그는 불필요한 것을 모두 없애 버려야 했는지 모른다. 모든 것을 기억할 수 있는 정신을 갖는 대가로 육체는 점점 사라져 갈 수밖에 없었을 것이다.[59]

R 씨는 그 어느 것도 보존된 상태로 영원히 살아갈 수는 없다는 증거다. 정의상 보존되기

위해서는 사후경직 상태로 굳어져야 하기 때문이다. 그런 채로 삶을 계속하려면 죽음의 상태로 사는 것에 적응해야 한다. R 씨가 감옥에서나마 기억을 잃지 않고 있다는 이유로 바깥의 주민들보다 더 자유롭다고 할 수 있을까? 아니면 반대로 주민들이 R 씨에게 없는 자유를 누리고 있다고 할 수 있을까? 기억을 잃은 채 자유로운 자와 기억을 간직한 채 구속된 자 중 누구의 처지가 더 딱한가?

더 많은 것들이 소멸될수록 '나'는 종말이 오고 있는 것인지, 자신을 포함한 모든 것이 사라지게 될지 자문한다. "끝… 결말… 한계… 이런 말로 나의 종착지를 상상해 보려 했던 적이 얼마나 많았던가?"[60] 그런 생각은 불안을 불러왔다. 시간 자체가 멈춘 듯했고 겨울은 무한정 길어지고 있었다. "우리는 온전히 현재 속에 있었다."[61]

어느날 아침 일어나 보니 왼쪽 다리가 사라졌다. 물리적으로는 거기 있지만 그것이 무엇인지, 어떻게 써야 할지 일체 기억나는 바가 없다. 다른 섬사람들도 왼 다리를 잊었다. 그다음은 모든 오른팔이 없어졌다. 마침내 모든 몸이 소멸되어 목소리만 남았다. 이제서야 기억 경찰은 순찰을 멈춘다. 마지막으로 목소리가 소멸된다. 남은 것은 모든 기억을 간직하고 있는 R 씨뿐이다.

『은밀한 결정』은 그 무엇도 끝나지 않는 현실, 얼어붙은 현재 속 그 어떤 시간의 흐름도 없고 과거도 미래도 허락되지 않을 때 벌어지는 일을 그린 작품이다. 철학자 프랑수아 J. 보네는 이와 같이 현재가 최우선시된 상태를 "동어반복적 삶"이라 규정하고 그것이 "현재에 포화된 우리를 종신적 망각 상태에 빠트린다"고 보았다.[62] 그에 따르면 동어반복적 삶은 "불가피한 죽음을 품고 있는 미래에 대한 우리의 괴로움을 잊을 수 있게 해 주는 마약"이다.[63] 엄습하는 죽음의 위협을 쫓기 위한 것이다. 그러나 『은밀한 결정』의 주인공 '나'가 깨닫듯, 영원한 존재에 가까워질수록 최후나 한계에 점점 다가서는 것이 아닌지 하는 의심도 커진다. 현재가 영원화되면 될수록 죽음으로부터 멀어지는 것이 아니라, 새로운 것은 아무것도 자랄 수 없는 죽음의 공허함에 빠지게 된다. 과거는 잊힐 수 있어야 과거지, 잊히지 않는다면 과거가 아닌 현재에 불과한 것이다.

오가와는 이 소설을 통해 사물을 망각하는 비통을 이야기할 뿐 아니라 기억 자체가 꽃이나 옷, 심지어 신체 부위 같은 사물에 의해 규정된다는 점을 말해 준다. 사물이 사라지면 우리의 기억 일부도 사라진다. 비록 우리의 현실에서 기억 경찰이 대규모 망각을 집행하고 다니는 것은 아니지만, 어느날 아침에 일어나 보니 삶에서 꼭 필요하고 소중한 무언가가 없어진 충격을 느끼는 일은 종종 발생한다. 없어진 것은 어쩌면 우리 스스로 이제는 더 이상 필요 없다고 느꼈거나 삶의 무게를 줄이기 위해 내다 버린 것인지도 모른다. 하지만 그 사물에는 생활 속에서 사용되어야만 읽어 낼 수 있는 어떤 정보가 봉인되어 있을 수도 있다. 흔히 수명이 짧다고 여겨지는 구식 매체들을 생각해 보라. 희미해진 폴라로이드, 카세트테이프, 플로피디스크…. 이들 역시 디지털화 과정에서 유실된 어떤 진실의 조각을 담고 있을지 모른다. 그리고 그 진실은 각 매체 고유의 성질을 직접 경험함으로써만 읽어 낼 수 있는지도 모른다. 사진이 흐려져 가는 것을 지켜보고, 늘어지는 테이프를 들어 보고, 디스크를 손안에 들어 보아야 느낄 수 있는 감각적 요소들과 쓰면 쓸수록 더해지는 빛바램의 아름다움은 각기 독자적인 의미를 간직하고 있는 것이다. 피터 잭슨이 작업한 제1차 세계대전 영상이 복원 과정에서 잃어버린 과거의 어떤 의미처럼 말이다.

페이 발렌타인의 비디오:
이미 구식이 된 매체가 만들어 내는 의미의 가능성을 탐구한 작품이면서 2021년 그 스스로도 영원화의 운명을 피하지 못했던 고전 작품이 있다. 바로 1990년대 후반 제작된 초현대적 우주 서사시이자 역대 최고의 애니메이션 중 하나로 평가받는 「카우보이 비밥」이다. 그중 18화 '아이처럼 말하지'(Speak Like a Child) [국내 번역 제목 '10년 전의 나에게']에서 우주선 '비밥호'에 승선한 현상금 사냥꾼 스파이크와 제트는 택배로 베타 규격(Betamax) 비디오를 하나 받고 그것을 재생할 기기를 찾아 나선다. 지구에 도착한 그들은 마지막 남은 베타 플레이어가 먼지 속에 잠자고 있는, 버려진 전자 박물관을 찾아간다. 밧줄을 타고 엘리베이터 통로로 지하 28층까지 내려가 물이 들어찬 도관을 기어서 통과한 후 녹슨 사다리를 타고 내려가 배관을 타고 한참을 간 끝에 가까스로 낡은 비디오 플레이어가 가득한 방에 다다른다. TV 하나와 베타 플레이어처럼 생긴 기기 하나를 챙겨 복귀한 그들은 자신들이 가져온 것이 베타 규격과 호환되지 않는 VCR 기계임을 깨닫는다. 지칠 대로 지친 스파이크와 제트가 아날로그 고물 덩어리를 옆으로 치워 놓고 잊어버리려고 하는데, 얼마 지나지 않아 신기하게도 베타 플레이어를 담은 택배 하나가 도착한다.

스파이크와 제트가 베타 비디오를 플레이어에 넣으려는 참에, 옛 기억을 잃고 빚 때문에 쫓겨 다니는 또 다른 현상금 사냥꾼 페이 발렌타인이 비밥호에 도착한다. 이윽고 깜빡이는 화면에 유년기 페이와 친구들의 모습이 등장하자 이들은 깜짝 놀라고 만다. 알고 보니 그 비디오는 어릴 적 페이가 10년 후 자기에게 보낸 타임캡슐 메시지였던 것이다.

사실 페이는 20세기에 태어났는데 21세기 초 스페이스셔틀에서 일어난 사고 이후 50년 이상을 냉동 수면 상태로 보냈다. 그가 오랜 잠에 든 동안 대재앙이 일어나 지구의 대부분을 파괴하고 그에 대한 기록을 포함한 모든 기록을 없애 버렸다. 잠에서 깬 페이는 새로운 이름과 냉동 수면 이용료 청구서를 받아 든 채 이상한 미래와 조우하게 된다.

수면에서 깨어난 페이는 냉소적이고 남을 잘 믿지 않는 데 비해, 비디오 속 어린 페이는 수줍고 희망찬 모습이다. 어린 페이는 환호하며 미래의 자신에게 응원의 메시지를 보낸다. "최선을 다해! 최선을 다하라고! 나를 잃어버리면 안 돼!" 스크린 속 자신의 모습을 기억하지 못하는 페이는 공포에 찬 얼굴로 비디오를 본다. "네 시대가 오면 난 더 이상 여기 없을 거야. 그렇지만 오늘은 내가 여기 있어. 난 늘 이곳에서 널 응원할 거야. 바로 너, 하나뿐인 나를 위해서."[64] 절대 변하지 말라고 애원하는 어린 페이를 지금의 페이는 알아보지 못한다.

「카우보이 비밥」이 방영되었을 때 베타는 이미 사장된 매체였다. 비디오테이프 규격 전쟁에서 승리한 VHS는 몇십 년 동안 표준 규격으로 군림하다 다른 매체에 밀려났다. 규격 전쟁에서 베타는 살아남지 못했지만, 이 에피소드에서는 살아남았다. 베타 비디오는 기억하고 있다. 기억을 잃은 것은 페이이고, 그는 이 비디오를 보고 기억에 없는 유년기에 대한 노스탤지어에 이끌려 결국 이후 에피소드에서 고향을 찾아 나서지만, 이미 폐허가 된 고향에 당도하고 만다. 그는 많은 노스탤지어 원정 끝에야 알게 된 이 비극적 운명을 받아들여야만 하는 아픔을 겪는다. 하지만 다른 노스탤지어적 주체들과는 다르게, 냉동 수면 과정에서 기억을 도둑맞은 페이는 그가 무엇을 그리워하고 있는지도 알 수 없다. 하지만 사채업자들은 기억을 잃지 않는다. 그들에게 페이가 가져야 할 정체성은 단 하나, 돈 빌린 자로서의 정체성뿐이다.

　어딘가에 있는 사장된 매체들에는 과거 우리의 모습이 담겨 있다. 카세트테이프나 사진, 흐려진 스크린 속에 담긴 기억들이다. 어쩌면 그들이 우리를 찾아올 날이 있을지도 모른다. 우리는 그 화면, 이미지, 테이프 속 얼굴을 알아볼 수 있을까? 기억이 기록되고 추억으로 자리 잡는다 할지라도, 그 속에 웃고 있는 어린 날의 우리 모습을 미래에도 우리가 알아보리라는 보장은 없다. 어쩌면 페이처럼 우리 역시 외부 누군가에 의해 기억을 삭제당했는지도, 새로운 통제 기술에 의해 쫓기며 살고 있는지도 모른다. 페이는 자신에 관한 데이터를 잃었고 그 결과 자신을 상실했다. 그가 받아 든 것은 그의 동의도 없이 행해진 냉동 수면 보존 행위의 요금 청구서다. 잃어버린 기억이 곧 이용료였던 것이다.

　베타 비디오와 같은 구식 매체를 켜 보는 경험에는 서늘한 구석이 있다. 특히 오래가지 못하리라고 생각했던 매체가 생각 외로 길게 살아남았을 때 더욱 그렇다. 어쩌면 절대적으로 확실하다고 여겨지는 디지털 기술의 수명이 더 짧은지도 모른다. 우리의 추억을 영원화해 준다고 하는 데이터 센터도 데이터 유실에 취약할 대로 취약하다. 미국 정부의 핵무기 제어 시스템은 2019년까지 플로피디스크로

구동됐다. 이후 디지털 저장 기기로 전환되었을 때 사람들은 진작 했어야 할 진일보라고 칭찬했지만, 인터넷에 연결되지 않았던 플로피디스크 시절보다 현재의 시스템이 해킹에 더 취약한 것이 사실이다.[65] 오래된 기술은 어쩌면 낙후되었다는 점 때문에 안전과 기억 측면에서 더 가치가 있는지도 모른다. 먼지 쌓인 한물간 기술 속에 과거의 진실을 여는 열쇠가 보관되어 있는 것은 아닐까. 그리고 그것을 찾으려면 폐허 속을 헤집는 모험을 감행해야 하는 것 아닐까.

비밥호에 베타 비디오와 플레이어를 보낸 사람이 누구였는지 관객은 결국 알지 못한다. 어렸을 적 페이가 미래의 자신에게 기념품을 보내 스스로를 영원화하고 도래할 노스탤지어를 예방하려 했던 것이 아닐까 추측할 뿐이다. 「카우보이 비밥」 시리즈 전체도 그렇지만 특히 '아이처럼 말하지'는 인간성에 관한 유구한 주제를 탐구하고, 페이의 뒷이야기를 통해 기억과 권력에 대한 질문을 던진다. 보존을 통해 이득을 취하는 자는 누구이고 고통받는 자는 누구인가? 내 기록을 추적하기 위해 만들어진 네트워크보다 이미 구식이 된 매체 하나가 과거를 더 또렷하게 기억하고 있는 것은 아닐까?

2021년, 넷플릭스는 비밥호를 탄 페이와 나머지 카우보이들을 영원화하기 위해 「카우보이 비밥」의 라이브액션 리부트작을 제작했다. 미디어 기업들이 대개 그러듯 넷플릭스는 이전의 IP를 영원화함으로써 콘텐츠를 제작하지만, 「카우보이 비밥」에 있어서는 여실히 실패했고 원작에 대한 노스탤지어를 치유해 주지도 못했다. 비평가와 대중들은 리부트작이 원작의 뉘앙스와 예술성을 살리지 못했다며 입을 모아 맹비난했다. 리부트작이 받은 비판 중에는 휘던식 화법의 무분별한 사용에 대한 것도 있었다. 첫 화에서 제트와 스파이크가 페이를 변기에 수갑으로 묶어 둔 장면에서 페이의 대사는 이랬다. "야, 이 새끼야! 극진한 대접에 몸 둘 바를 모르겠긴 한데, 이것보다 더 크고 역겨운 변기에 묶어 줄 순 없었냐? 그럼 너무 좋을 것 같은데 말야."[66]

원작 「카우보이 비밥」은 음악 장면이나 눈빛 교환, 분위기 등으로 할 말을

대신했다. 그리고 존 스칼지의 『레드셔츠』가 그랬듯
과거의 마수에 붙잡힌 채 원하지 않은 역할을 해야만 하는
이들의 두려움을 탐구했다. 그러나 「카우보이 비밥」은
'아이처럼 말하지' 화를 통해 『레드셔츠』보다 한층 더
나아간 영원주의 비평을 제공했다. 휘던식 화법은 한마디도
쓰지 않고 말이다.

　　　「카우보이 비밥」 리부트가 휘던식 화법에 의존한 것은
단지 조스 휘던류의 각본가들이 세워 둔, 동시대에 유행하는
대사 유형에 맞추기 위해서만은 아니다. 앞서 논했듯 휘던식
화법은 영원화된 콘텐츠의 공용어로서 절대 소멸하거나 죽을 수
없고 노스탤지어나 슬픔 같은 진실된 감정으로 상황에 반응할 수
없는 등장인물이 구사하는 말투다. 대형 제작사는 그런 인물을
연기하는 배우들에게 부와 유명세를 약속하는 대신 그들을 정체된
세계에 계속 가둬 놓는다. 원작 「카우보이 비밥」이 과거에 쫓기는
인물들에 대한 이야기라면, 넷플릭스 리부트는 원작에 쫓기는 동일
인물들에 대한 이야기다. 리부트작 속 연기자들은 스스로 리부트 속에
있다는 것을 알고 있는 듯한 눈치다. 그들의 눈동자를 잘 보면 폐쇄된
세계에서 보이지 않는 눈에 의해 꼭두각시가 된 자신의 처지를 알고 있는
느낌을 받을 수 있다.

　　　리부트작 바깥의 현실 세계에서도 많은 이들이 과거를 벗어나려
발버둥 치지만, 그들을 같은 역할에 붙잡아 두려는 강력한 세력이 존재한다.
이는 사람들을 고정된 역할에 묶어 두는 것에 따른 인센티브가 주어지기
때문이다. 그것은 변화 이후에 수반되는 노스탤지어를 공격하는 것보다 더
강력한 인센티브다. 자본주의에 있어 쉽게 읽힐 수 있게 브랜드화된 자아는 큰
가치가 있다. 노동할 수 있는 신체 역시 가치가 크다. 과거를 복원하려는
노스탤지어적 시도가 자본주의를 위한 노동력을 생산할 수 있다면 그것은 허락될
뿐 아니라 장려된다. 그렇게 복원된 과거가 현재에 수익으로 돌아온다면 더욱더
그렇다. 반대로 그렇지 못한 경우라면 차라리 기억상실에 걸린 인간이 더 선호된다.
진짜 기억은 지워지고 추적 장치로 대체된 사람, 빚에 발목 잡혀 앞으로 나아갈 수 없는

사람 말이다. 하지만 기억이란 그리 쉽게 지울 수 있는 것이 아니다. 예기치 못한 택배처럼 어느날 갑자기 문 앞에 도착해 있을 수도 있는 것이다.

지금과 영원

탐사 보도 기자 짐 후건은 그의 1984년 저서 『비밀 안건: 워터게이트, 딥 스로트, 미 중앙정보국』(Secret Agenda: Watergate, Deep Throat, and the CIA)에서 정보공개법상 청구를 통해 확보한 증거로 워터게이트 스캔들에 대한 "통설"을 뒤집은 것으로 유명한 인물이다. 하지만 그보다 이전인 1970년대 중반에 쓴 책인 『타락: 1970년대의 극단적 노스탤지어, 나르시시즘, 쇠락』 (Decadence: Radical Nostalgia, Narcissism, and Decline in the Seventies)에서 그는 다음과 같은 예언을 남기기도 했다.

> 미국 대중이 느끼는 노스탤지어로 인해 혁명에 이르게 될 리는 만무하다. (…) 그건 바보 같은 생각이다. 그런 모습을 상상이라도 할 수 있나? 수백만 미국인이 (…) 펜실베이니아 애비뉴를 행진하며 이렇게 외치기라도 한다는 말인가? '좋았던 시절 돌려 내라! 좋았던 시절 돌려 내라! 좋았던 시절 돌려 내라!'[67]

40년이 지난 후, 도널드 트럼프는 '미국을 다시 위대하게'(Make America Great Again)라는 슬로건을 미 특허상표국에 등록했다. 이 슬로건은 금세 광고판이나 빨간 야구 모자, 티셔츠에 등장했고 소셜 미디어에서도 빠르게 확산되었다. 2020년 11월에 트럼프가 대통령 선거에서 조 바이든에게 패하자 수천 명의 사람들이 수도 워싱턴의 펜실베이니아 애비뉴로 몰려나왔다. 그들은 행진하며 '좋았던 시절 돌려 내라'가 아닌 '미국을 다시 위대하게'라는 구호를 외쳤다. 트럼프 지지자들은 2021년 1월 6일에 또 한 번 펜실베이니아 애비뉴를 행진한 뒤 대선 결과를 무력으로 뒤집고자 국회의사당을 점거하고 같은 구호를 외치기도 했다.

현재의 우리에게 후건이 했던 예언은 생소하게 들린다. 이제 노스탤지어가 얼마든지 정치적 목적으로 동원될 수 있고 동원되어 왔다는 것은 자명해 보인다. 그러나 1975년의 후건에게 누군가 정치적 행동을 이끌어 내기 위해 노스탤지어를 사용한다는 것은 상상하기 힘든 일이었다. 그러기 위해서는 "미국인들이 스스로의 상실의 깊이를 자각해야만" 하는데, 그럴 수 없으리라고 그는 믿었던 것이다.[68] 후건은 노스탤지어란 "매춘부의 사랑처럼 진정성 없는 것"이라며, 그런 유아적이고 퇴행적인 정서 때문에 사회적 진보가 질식되는 것을 비통하게 여겼다.[69] 그의 눈에 노스탤지어는 거짓말로 기억을 조작해 우리를 소외된 현실 속에 안주하게 만드는 감정일 뿐, 대중을 결집해 행동하게 만드는 데에는 효과가 없었다. "노스탤지어라는 감정은 차라리 과거를 왜곡하는 만연한 아련함으로 부패해 버릴 소지가 높다. 현재의 지렛대라기보다는 현재로부터의 도피처에 가까운 것이다."[70]

비록 1975년은 레트로 시트콤 「해피 데이스」가 미국인들의 어깨를 들썩이게 하던 시절이긴 했지만, 당시 후건처럼 노스탤지어에 대해 부정적인 이들은 더 있었다. 노스탤지어가 정치적으로 무용(無用)하다고 본 후건과는 달리, 미군의 고위 간부들은 오랫동안 노스탤지어가 비애국적이며 국가 안보에 위협이 될 소지까지 있다고 생각해 왔다. 이는 앞서 소개한 군의관 J. 시어도어 캘훈이 시골 출신 병사에 관한 차별적인 논문을 냈던 남북전쟁 시절부터 이어진 관점이다. 제2차 세계대전 이후 미군에는 공산주의자들이 노스탤지어 프로파간다를 동원해 병력을 탈영하게 하거나 전의를 상실시킬지 모른다는 우려가 있었다. 1954년에 발행된 미 육군의 전단지는 한국전쟁 참전병을 대상으로 향수를 자극하는 적의 노스탤지어 전술에 대한 설명을 담고 있다. 군 당국의 조바심이 느껴지는 이 전단지는 남편 옆에서 잠에서 깨는 젊은 미국인 여성이 그려진 북한 선전물에 대한 설명과 함께, 병사들에게 앞으로 있을 전투에서 집에 있는 부인이 아니라 조국에 대한 의무를 기억하라고 당부한다.[71] 적이 극단적인 심리전을 펼지 모른다는 불안감이 팽배했던 시기였음을 느낄 수 있다. 전장에 대형 스피커로 친숙한 노래를 틀어 놓고 노스탤지어를 자극한다면 병사들이 집으로 돌아가려고 고의로 작전을 망칠지도 모르는 일이었다. 심지어 병사들이 종전 후에라도 집에 가겠다는 생각으로 전장을 이탈해 항복해 버릴지도 몰랐다. 고향에 대한 노스탤지어는 전쟁 포로 신세를 자처하게 할 만큼 강력한 것이었다.[72]

노스탤지어를 향한 다른 종류의 비난도 뒤를 이었다. 1965년 3월 미 국무차관 조지 W. 볼은 이후 '노스탤지어의 위험'(The Dangers of Nostalgia)이라는 제목의 책자로도 발간된 연설을 했다. 이 연설에서 그는 "위대한 인류 발전기가 한차례 지나고 나면 사람들이 과거를 훈훈한 마음으로 돌아보면서 더 이상 영웅적인 분투는 불필요하다고 느끼는 시대가 오기 마련"이라며, 그럼에도 불구하고 전쟁 이전 시절을 향한 노스탤지어는 "위험천만한 실수"이며 세계대전의 시대가 갔다고 믿는 이들이 있다고 해서 미국이 고립주의로 돌아서도 되는 것은 아니라고 경고했다. 노스탤지어에 빠지기에는 세계 정세가 너무나 복잡하기에, 미국은 절대로 "자유세계의 질서와 안정을 유지하기 위한 책임감을 내려놓아서는 안 된다"는 것이다. 이는 미국이 세계의 경찰 역을 맡아야 한다는 미국 확장주의에 대한 요구이자 미국인들이 "현실 세계를 등진 채 딴 세상만 꿈꿔서는" 안 된다는 호소이기도 했다.[73]

하지만 1975년 즈음은 이미 사회적 진보에 대한 믿음이 쇠락하던 시기였고 과거는 점점 더 매력적으로 보이기 시작했다. 시간이 흘러 2015년에 도널드 트럼프가 대선 출마 선언을 할 때쯤에는 모두들 변화를 감지하고 있었다. 무언가를 잃어버렸다는 생각, 모든 것이 옳고 좋았던 옛 시절로 돌아가고 싶다는 생각이 커지고 있었다.

노스탤지어가 정치적 도구로 재탄생한 것은 우연이 아니었다. 영향력 있는 인물들이 현재를 되찾을 수 없이 상실된 것으로 규정하고, 그 상실의 혐의를 특정 계층에 뒤집어씌워 온 과정이 있었다. 도널드 트럼프는 그런 인물 중 한 명에 불과하다. 대통령 임기 동안 그는 이민자, 성소수자, 유색인종, 그리고 민주당 전체를 백인의 권력을 약화시킨 주범으로 지목했다. 트럼프에 의하면 가장 잃은 것이 많은 당사자는 백인 남성이었다. 그는 백인 남성들이 직업, 전통, 유산, 심지어

역사까지 상실했다며, 부당하게 빼앗긴 것을 되찾아
주겠노라고 맹세했다.

    50년 전 미국 사회에는 향수병 걸린 시민들이
나라를 과거에 묶어 두지 않을지에 대한 두려움이 있었다.
그런데 현재의 미국은 나라가 행여 과거로 돌아가지 못하면
어쩌나 두려워하고 있는 듯하다. 이런 태도의 변화는
자본주의가 노스탤지어를 사용하는 방식도 변화시킨다.
노스탤지어를 비롯한 불붙은 감정이 노동력을 생산해 낼 수
있다면, 그 감정을 넘치지 않는 선에서 계속해서 타오르게
하는 것이 지배계급에게는 오히려 이득이 될 수 있다. 그러면
지배계급은 감정의 관리인을 가장해, 대중을 착취 가능한 감정적
상태로 인도하면 되는 것이다.

    노스탤지어에게 일 시키기:
오늘날의 정치 지도자들은 수사 속에 노스탤지어를 자주 소환한다.
그저 과거를 향한 훈훈한 그리움에 빠지거나 잠시 숙고의 시간을
갖기 위함이 아니라, 과거를 되살려 내 영원히 현재 속에 두기 위해
필요하다고 그들이 제시하는 일을 해내게 만들기 위해서다. 노스탤지어의
정치적 무기화는 노스탤지어의 확산 방지책 중 그나마 부드럽고 덜
징벌적인 방법이지만 그렇다고 위험성이 낮은 것은 아니다. 과거를 상실된
대의로 규정하고, 자신이 속한 정치집단이야말로 과거를 되살릴 수 있는
해결사라고 시사한 다음, 대중을 일하게 만드는 것이다.
    국가 차원의 영원화는 이런 수순을 밟는다. 먼저, 과거를 되찾자는
외침으로 시작한다. 노스탤지어라는 감정에 수반되는 과거 응시, 부정확한 기억,
달콤 쌉싸름함 등의 성향을 자기에게 유리하게 이용하고자 하는 정치인 같은
이들이 노스탤지어의 씨를 뿌린다. 좋았던 옛날, 흘러간 나날을 추억해 보라는
지시가 내려진다. 하지만 노스탤지어가 나태를 유발할 수도 있기 때문에, 어떤 이들은
일은 안 하고 과거를 꿈꾸는 데에만 시간을 낭비할 수도 있다. 그래서 회상만으로는
부족하다. 잃어버린 낙원을 되찾기 위해서는 노동, 생산, 소비가 필요한 것이다.

노스탤지어적 욕구 충족을 위해 대중을 노동으로 이끌 수 있다면, 그 노동의 상품화도 가능할지 모른다. 마치 대기 속 탄소를 가둬 두는 탄소 포집 기술처럼 말이다. 이렇게 수익을 다 거두고 나면 노스탤지어의 불꽃은 진화된다. 적어도 그들 생각으로는 그렇게 된다.

이 과정에도 지휘 계통이 있다. 노스탤지어의 엘리트에 해당하는 정치 지도자가 과거를 회상하고 복원 계획을 짠다면, 실제 복원을 위한 일은 노동자의 몫이다. 복원 작업에 종사하는 이들은 현재에 재건된 과거가 예전의 과거와는 조금 다르다는 것을 깨닫게 된다. 생긴 것도 냄새도 조금씩 다른 것이다. 마치 나이 든 밴드 멤버들이 재결합하여 내는 사운드처럼 조금 녹슬어 예전만 못하게 느껴진다. 과거 복원 작업은 분노나 불만 같은 감정적 낙진도 함께 발생시킨다. 과거의 표면을 덮은 두터운 고색(古色)의 겹은 잘 벗겨지지 않는다. 복원은 고되고 시간이 드는 작업이어서 작업자가 불만을 품게 될 수 있다. 과거 복원에 대한 압박이 강할수록 그로 인한 답답함도 커진다. 노스탤지어 지도자들이 이 복원에 우리의 미래가 통째로 달려 있다고 닦달하고 있으니 말이다.

하지만 과거의 단순 복원만으로는 한참 부족하다. 과거가 미래까지 지속될 수 있다는 보증도 필요하다. 레트로 디자인으로 출시된 전기차처럼 미래 보장 처리가 되어야 하는 것이다. 노스탤지어를 활용한 정치 운동을 전개하기 위해 필요한 노동에는 로고 디자인, 팻말 제작, 케이블 뉴스 출연용 대본 작성, 선거운동을 위한 호별 방문 같은 직접적인 노동만 있는 것이 아니다. 핵심 메시지를 소셜 미디어에도 올려야 하고, 정치 밈(meme)도 퍼뜨려야 하며, 우리 후보가 복원을 주장하는 가치의 실종을 한탄하는 사설을 읽고 그런 시사 프로그램을 보는 것까지 모두 포함된다. 이것이 정치적 영원주의에서 '영원한 대화'에 해당되는 부분이다.

짐 후건은 미국인들이 그들의 상실의 깊이를 인식해야 노스탤지어가 혁명에 이를 수 있다고 했다. 지난 몇십 년 동안 극우 정치 지도자들은 특히 일부 계층을 중심으로 그런 인식을 일깨우는 데 성공했다. 그러나 그들은 잠시 왔다 가는 간헐적인 노스탤지어 정도로는 만족하지 않는다. 지지자들로 하여금 그들이 모든 것을 빼앗겼다고 믿게 하고, 빼앗긴 것을 자신들이 되돌려주겠노라고 선언하며 노스탤지어를 치유해 주겠다고 약속할 것이다. 차별적인 언사를 동원해 과거를 완벽했던 지난날로 규정하며 노스탤지어적 정서에 불을 지핀 다음, 현재를 망친 주범으로 지목된 소수자들을 희생양으로 몰며 그들을 달랠 것이다. 이런 방식의 노스탤지어적 호소가 위험한 것은 단지 과거가 위대하다고 말한다는 점이 아니라, 나라를 위대하게 되돌려 놓을 수 있는 유일한 정치 세력이 극우라는 속뜻을 내포하기 때문이다. 엔터테인먼트 분야의 영원화가 그러듯, 극우가 조장하는 정치의 영원화 역시 힘 있는 일부 사람들만을 위한 특정 형태의 과거가 미래에까지 존속될 수 있도록 보장하는 것을 목표로 한다.

과거를 그리며:

『죽음 이후』(After Death)에서 프랑수아 J. 보네는 이렇게 주장했다. "노스탤지어와 멜랑콜리, 그리고 죽음에 대한 두려움을 안고 살아가는 것은 금지되었다. 전부 현재라는 제국에서 추방된 것들이다."[74] 정치 지도자부터 미디어 기업까지 오늘날 큰 발언권을 지닌 이들은 노스탤지어를 갖고 사는 것, 즉 그것을 억제하려고도 하지 않고 과거로 돌아가려고도 하지 않고 그저 함께 살아가는 것은 비정상적이라고 말하고 있다. 그들은 앞서 논의한 실증주의자들과 다를 것이 없다. 그들의 임무는 영원한 현재를 생산하는 것이다. 보네에 따르면 "영원이란 그림자를 잃은 현재"다. 그것은 "즉각적이고 동어반복적이며 끊임없이 재생되는 현재이자, 아무 일도 일어날 수 없는 정체된 시간"이다.[75] 영원화된 사회에서는 모든 상실―궁극적인 상실인 죽음을 포함한―을 현재에 충실하려는 마음가짐으로 자기실현을 추구하는 사람의 미소에 그림자를 드리우는 질환으로 본다. 참으로 지난한 삶이 아닐 수 없다. 카페인으로

각성되어 깨어 있는 상태로 뉴스의 흐름을 항상 따라가며 오만 곳에서 일어나는 모든 일에 대해 견해를 갖고 있어야 한다. 자기실현에 성공한 사람의 마음에 노스탤지어가 있을 곳은 없다. 보네의 말처럼 노스탤지어는 "우리를 딴 곳으로 이끈다. 그런데 이제는 딴 곳이 거의 존재하지 않는다."[76]

영원주의 관점에서 보면 죽음 역시 해결해야 할 문제이다. 그리고 갈수록 많은 기술 기업들이 이 문제의 해결사를 자처하고 있다. 죽음이란 문제를 풀기 위해 삶을 데이터로 축소한 다음, 인공지능을 사용해 그 데이터를 애플리케이션으로 만들어 다시 재생할 수 있게 하는 방식이 제안된다. 오래전 허먼 멜빌이 만들어 낸 공식을 실현하는 것이 그들의 임무다. "불멸이란 다름 아닌 모든 시간에 편재(遍在)하는 것이기에."[77]

여기에서 인간의 삶에도 리부트라는 개념이 적용된다. 죽은 이가 기술적 매체를 통해 계속 살아갈 수 있게 되는 것이다. 거대 기술 기업 아마존은 이 논리에 따라 음성 비서 알렉사(Alexa)에 인물의 음성을 재현하는 기능을 넣었는데, 그 정도로도 인공지능의 진수를 보여 주기에 부족하다고 판단했나 보다. 아마존은 그에 이어 알렉사에 세상을 떠난 사랑하는 사람의 목소리를 재현하는 기능을 선보였다. 아마존 소속 과학자 로히트 프라사드는 한 아마존 인공지능 콘퍼런스에서 노골적으로 영원화에 호소하는 내용을 전달했다. "비록 인공지능이 상실의 아픔을 없앨 수는 없지만, 그들의 추억을 계속 간직할 수 있게 해 주는 것은 분명합니다." 이윽고 화면에 뜬 영상에는 한 어린 소년이 침실에서 판다 모양이 그려진 어린이용 아마존 에코 닷(Kids Edition Amazon Echo Dot)에게 이렇게 묻는다. "알렉사, 할머니한테 『오즈의 마법사』(Wizard of Oz) 이야기 계속 듣고 싶어." 그러자 알렉사는 "좋아요"라고 답하고는 할머니를 흉내 낸 합성 음성으로 L. 프랭크 바움의 명작 소설 『오즈의 마법사』를 읽기 시작하고, 소년은 행복한 표정으로 듣는다.[78]

이 발표를 통해 프라사드가 강조하고자 했던 것은 아마존이 1분도 채 안 되는 녹음본으로 다른 사람의 음성을 흉내 내어 사람 간에 더 풍요롭고 "오래가는 관계"를 선사한다는 점이었다. 그 음성이 세상을 떠난 친척의 목소리였다는 점은 영원화에 대한 아마존의 집착을 한층 더 심화시킨다. 아마존은 자사가 보유한 기술이 죽음이라는 문제에 적용 가능한 해법이라고 보고 있는 것이다. 하지만 이런 오만한 야망을 가진 기술 기업이 아마존만 있는 것은 아니다. 구글, 애플, 각종 소셜 미디어 플랫폼 등 소위 '빅 테크' 기업들은 쉴 없는 소통과 참여를 지향한다. 끊임없이 대화를 이어 가고 글을 게시하고 스크롤하는 것이 곧 의미 있는 관계를 지속하는 것이라 말한다. 이들 기업에게 우리의 소통이 멈추는 것은 상상조차 하기 싫은 일이다. 그래서 사람이 죽으면 그 데이터를 보존하는 것만으로도 모자라 말까지 하게 만들어야 하는 것이다. 데이터가 우리와 계속해서 소통해야 한다고 말할 때, 그들은 삶과 죽음의 의미를 광고주에게 넘길 데이터를 추출할 정보 정도로 축소시킨다. 영원화의 모든 형태가 그렇듯이 음성 재활용의 목적은 노스탤지어의 감정을 없애는 것이나, 아마존 홍보 영상 속 아이의 할머니는 실제로 스마트 스피커 속에서 말을 걸고 있는 것이 아니다. 할머니는 데이터로 짜깁기된 대리인일 뿐이다. 게다가 그 대리인의 목소리를 들려주는 것은 아이의 마음을 다독여 주기는커녕, 할머니에 대한 그리움을 더 걷잡을 수 없이 자극할 소지가 크다.

19세기와 20세기 초의 실증주의자들과 의사들처럼 노스탤지어를 치료가 필요한 질병으로 보는 대신에 관리해야 할 일반적인 감정 중 하나로 볼 수는 없는 것일까? 멈추려 억누르지 말고, 또는 레트로 소비를 하거나 과거 회귀를 공언하는 정치인에 투표하는 것으로 해소하려고 하지 말고, 이 감정을 재평가해 보는 것이 좋지 않을까? 주어진 상황에서 노스탤지어를 느끼는 것의 장단기적 결과가 무엇인지 자문해 보는 것이다. 노스탤지어를 해소하기 위해 과거에 푹 빠지는 것이 우리에게 이로운가? 아니면 노스탤지어가 우리가 사는 현재 그리고 미래를 이해하는 데 꼭 필요한 어떠한 진실을 담고 있는가? 우리가 노스탤지어를 억누르거나, 그 해소를 위해 과거로 돌진한다면 그 진실이 파괴되지 않을까?

항상 그렇듯 역사에서 답을 찾아볼 수 있다. 1장에서 소개한 것처럼 19세기 사람들이 앞다투어 노스탤지어를 비난하기는 했지만, 당대 의사들이 전부 노스탤지어를 병으로 본 것은 아니었다. 일부는 노스탤지어가 치유의 대상 자체가 아닐 것이라고 생각하기도 했다. 일찍이 1830년에 의사 이아생트 뮈세는 이런 질문을 던졌다. "우리 가족, 친구, 고향을 이리도 다정하게 마음속에 간직하게 만드는 이 달콤한 감정을 억눌러야만 할까?" 그는 노스탤지어에 대한 "완치제"는 상상만 해도 끔찍한 것으로, 그것이 인간성을 거세해 버릴지도 모른다고 지적했다.[79]

100여 년의 시간이 흐른 뒤, 알렉산더 R. 마틴이라는 정신분석가도 노스탤지어를 포함한 감정을 억누르는 것은 역시나 해롭다고 주장했다. 사람은 스트레스를 받는 상황에서 노스탤지어를 느끼기 마련이지만 그렇다고 해서 살인이나 방화를 저지르게 되는 것은 아니며, 안정에 대한 이러한 갈망은 전적으로 정상이라는 것이다. 마틴은 특히 군인의 노스탤지어를 짚었다. 그는 비웃음으로 노스탤지어를 쫓아내려 하지 말고, 군 지도자들이 병사들로 하여금 향수의 감정을 표현하게 해 줄 것을 주문했다. "향수병을 억압하면 더 큰 외로움이 그 사람을 엄습한다. (…) 세상은 의미를 잃고, 감정 수준이었던 문제가 냉소, 허무감, 절망이 되어 지하 깊은 곳에 갇혀 버린다. 아무것도 이해할 수 없고 중요하지 않은, 궁극적인 사기 저하에 이르는 것이다."[80]

철학자 랠프 하퍼도 노스탤지어 억압에 반대하는 입장이었다. 1960년대의 저서 『노스탤지어』(Nostalgia)에서 그는 노스탤지어란 "우리가 잘 알고 사랑했던 대상"에 대한 기억을 돌이키게 하는 것으로, 노스탤지어에 반대하려면 "이 세상에 잘 알고 사랑할 만한 대상이 없고, 돌아온다고 해서 우리를 기쁘게 할 수 있는 것도 없음"을 먼저 증명해야 할 것이라고 주장했다.[81] 그는 노스탤지어를 "향수병을 앓고 있지만 병약하지 않고, 환상을 쫓는 것이 아니라 현실적이며, 변치 않는 것을 추구하기에 변화만을 위한 변화에는 관심이 없는 굳센 성품의 사람들이 잘 이해하고 있는" 생산적이고 진보적인 감정으로 분류했다.[82]

어쩌면 하퍼의 말처럼 우리 모두 과거에서 되살려 낼 만한 것들이 있는지 모른다. 그런데 과거로의 회귀가 오히려 양의 탈을 쓴 반노스탤지어적 늑대일 수도 있지 않을까? 회귀를 통해 이득을 얻는 자는 누구인가? 단순히 더 행복해지려는 욕심으로 과거에 잃어버린 것들을 모두 되찾아 올 수 있게 될 때, 이를 통해 가능해지는 착취는 어떤 형태인가?

과거의 부활이 행복을 가져다주기에 과거는 부활해야만 한다는 전제는 21세기 주요 미디어 기업들에 많은 이득을 가져다주고 있다. 그렇지만 디즈니나 패러마운트 글로벌, 아마존 같은 기업들이 고전 명작 부활이 행복을 가져다줄 것처럼 선전한다고 해서 실제로 그런 행복이 보장되거나, 그렇게 오는 행복이 바람직한 것은 아니다. 대중들이 오래된 음악과 영화, TV, 책 등의 매체를 좋아하는 이유가 그저 그것들이 더 이상 만들어지지 않기 때문은 아닐까? 오래된 매체를 즐기는 이유가 거기에서 느껴지는 노스탤지어라면, 기업들이 점점 더 과거의 IP를 영원화하려 애쓰면 애쓸수록 그를 향한 우리의 사랑은 줄어드는 것 아닐까?

종종 기업들이 영원화를 정당화하기 위해, 어떤 고전 작품들은 당대에는 문제되지 않았으나 현재의 감수성에는 뒤떨어지는 표현을 포함하고 있다고 수긍하는 경우가 있다. 명작을 기리면서도 오늘날의 적절한 사회적 기준도 존중하기 위해 원작 텍스트에 대한 수선이 제안된다. 애거사 크리스티, 이언 플레밍, 로알드 달 같은 작가의 작품들이 불쾌감을 주는 언어를 삭제하기 위한 수정을 거치고 있다. 이는 검열에 대한 혐의와 함께, 어떤 고전이 수정되어야 하고 그중 어떤 요소를 제거해야 할지에 대한 논의를 촉발했다.

엔터테인먼트 업계에서는 이와 같은 소급 편집(retroactive editing)이 이미 꽤 오랫동안 행해져 오고 있다. 조지 루커스는 디즈니가 루커스필름을 사기 한참 전부터「스타워즈」 원작 삼부작에 손을 대고 있었다. 컴퓨터 그래픽이 추가되었고, 특히 첫 작품에서 그리도(Greedo)가 나오는 장면이 바뀐 것은 많은 논란이 되었다. 주인공 한 솔로가 술집에서 현상금 사냥꾼인 그리도와 대치하다가 총을 먼저 쏘았다고 여겨졌던 장면인데, 이제 확실히 말하기는 힘들게 되었다. 재개봉판에서 그리도와 한 솔로가 거의 동시에 총을 쏘도록 후수정되었기 때문이다. 논란이 된 이 편집에 대해 많은 팬들은 '한 솔로가 먼저 쐈다'(Han shot first)는 구호를 외치며, 그것이 반영웅(反英雄)으로서의 캐릭터에도 더 어울린다고 주장하고 있다. 프리퀄에서 아나킨 스카이워커를 연기한 헤이든 크리스텐슨의 모습이 2004년「제다이의 귀환」(Return of the Jedi) 재개봉시 디지털 기술로 추가되기도 했다. 원작에서는 인형 탈을 쓴 배우가 연기했던 몇몇 외계인 종족들도 재개봉시 컴퓨터 그래픽으로 교체되는 등, 소급 편집은 숱하게 행해지고 있다.

루커스가 원작 삼부작을 수정한 것은 단지 신식 디지털 효과를 넣기 위함이 아니다. 영원화라는 표현만 쓰지 않았을 뿐,「스타워즈」 영화들을 영원화하기 위한 것이 그의 주된 목적이었다.

> 내게 제일 중요한 것은 DVD 버전이 어떻게 보일지다. 모두들 그것을 기억하게 될 것이기 때문이다. 다른 버전들은 사라지게 될 거다. 「스타워즈」비디오가 3,500만 개 넘게 팔렸지만, 30-40년 뒤에는 작동하지 않을 것이다. 지금으로부터 100년 뒤에 사람들은 특별판 DVD로만「스타워즈」를 기억할 테고, 그때가 되어도 40인치 화면에 완벽한 화질로 재생할 수 있을 것이다.[83]

루커스는 예술가가 자신의 작품을 끊임없이 갱신할 권리가 있다고 생각하고 있다. 그렇다면 작품이 완성되는 것은 대체 언제인가?「스타워즈」유니버스가 맞이할 우주

종말은 대체 언제 올까? 영화에 한정해서라면 루커스가 내놓은 답이 있다. "영화는 완성되지 않는다. 버려질 뿐이다."[84]

주요 예술 작품들이 언제나 수정되고 있는 만연한 영원화의 시대에 어떤 고전이 버려져도 괜찮은지, 아니면 적어도 끝을 맞이할 필요가 있는지는 생각해 볼 만한 문제다. 조지 루커스 같은 몇몇 이들에게 이는 예술적 이단이나 다름없는 이야기일 것이다. '고전'을 따로 분류하는 것도 아마 사라지게 될 것이다. 대부분의 고전들은 어차피 계속 현재 기준에 맞춰 새롭게 업데이트될 것이기 때문이다. 고전은 어느 정도의 영원화를 거치지 않고서는, 즉 리마스터링이나 재편집, 리믹스 등을 통해 변화하는 사회적 규범과 가치에 부합하게 갱신되지 않고서는 결코 '시대를 초월'할 수 없는 것이다. 주기적 영원화가 없다면 어떤 고전들은 아마도 잊힐 것이다. 그건 바람직한 일일 수 있다. 하지만 이렇게 말하면 고전은 영원불멸하다는 만연한 믿음에 대한 도전이 되어, 과거는 위대하고 시간의 파도를 견뎌 낼 수 있다고 생각하는 이들의 기분을 상하게 할지 모른다.

지난 시대의 격세유전설과 같이, 영원주의는 과거의 문제적 측면들을 마치 품종개량을 통해 제거된 옛 형질인 것처럼 취급한다. 과거 속 여러 악몽인 현실을 여전히 수많은 사람들이 똑똑히 기억하고 있는데도 말이다. 이제는 역사의 부정(不正)을 무시할 염려 없이도 과거를 마음껏 소비할 수 있다는 듯이. 하지만 영원화는 생각만큼 진보적인 방법이 아니다. 어떤 텍스트의 원문을 수정한다고 해도, 그 이야기가 기본적으로 가족주의나 군국주의, 가부장제, 생산성, 민족주의 등의 기존 규범을 강화하는 이야기라면 진보에 별 도움이 될 리 없다. 무언가를 영원화하는 것은 폐쇄된 시스템 속에서 자잘한 업그레이드만 끊임없이 제공하는 것이다. 스마트폰 소프트웨어를 업데이트하는 것과 마찬가지다. 눈치채기 힘든 정도의 작은 변화들은 있지만, 여전히 그 소프트웨어를 개발한 기업이 소유한 스마트폰을 쓰고 있다는 점은 변하지 않는다. 그런 점은 소프트웨어 업데이트로 바꿀 수 있는 것이 아니다.

동일한 논리가 문제적 언어를 담고 있는 고전을 영원화하는 일에도 적용될 수 있다. 몇몇 표현들은 워낙 폭력적이고 혐오적인 의미를 담고 있어서 교체를 정당화할 수 있을지 모른다. 하지만 이야기의 본질은 똑같지 않은가. 기업들이 오래된 책과 영화에서 현대적 감수성에 맞지 않는 부분을 들어낼 때 기본 줄거리를 유지하는 것은 가장 중요한 목표다. 현대의 기준에 맞추기 위한 작은 업그레이드는 제공하지만, 큰 틀에서의 서사는 그대로 유지하기 위한 노골적인 작업인 것이다.

그런데 왜 현대를 사는 사람들이 가르침을 얻기 위해 꼭 오래된 이야기에 의존해야 할까? 왜 새로운 인물이 등장하는 새로운 이야기를 만들면 안 되는 걸까? 그러기에는 우선 미디어 기업들이 새로운 콘텐츠에 관심이 없는 것이 현실이다. 그들은 이미 소유하고 있는 IP에 투자해 잘 알려진 브랜드로 막대한 수익을 얻고 그러한 수익성을 영원히 유지하며, 작품에서 맥락을 제거하여 최대한 많은 사람들이 소비할 수 있게 만드는 방식에 안주할 뿐이다. 애거사 크리스티의 증손자이자 크리스티의 저작권을 중개하는 기업체의 최고 경영자인 제임스 프리처드는 크리스티의 소설을 현재의 규범에 맞게 개정하는 것에 대한 질문을 받았을 때 이렇게 시인했다. "증조할머니가 누군가에게 상처를 주고 싶지는 않으셨을 것이다. 우리 책에 폭력적으로 느껴지는 언어를 꼭 놔두어야 할 필요는 없다. 내 관심사는 오로지 애거사 크리스티의 이야기가 사람들에게 영원히 읽히는 것뿐이다."[85] 고전을 개정하는 것이나 개정에 대해 반발하는 것이나 둘 다 동일하게 고전을 현재 속에 살아 있게 하고자 하는 욕망을 시사한다. 둘 다 아니라, 그저 어떤 작품은 다른 작품에 비해 수명이 조금 더 길고, 그렇지 않은 작품은 잊히는 것도 괜찮다고 받아들일 수는 없는 것일까? 영원화를 통해 수시로 꾸며 주어야만 오래갈 수 있는 작품의 존재 목적은 하나뿐이다. 관객에게 당신들이 과거에 있었던 예술적 성취들을 놓친 것이 아니며 앞으로도 놓칠 일은 없다고 안심시키는 것이다. 그런데 대부분의 영원화된 콘텐츠는 진정 세월이 흘러도 변하지 않는 고전의 수준에 미치지 못하는 것이 사실이다. 영원주의의 큰 아이러니는 과거를 현재 속에 영원히 둠으로써 과거의 높은 위상을 더욱 공고히 한다는 점이다.

몇 년 전에 나와 같은 대학교에서 강의하던 한 동료 강사에게 이런 일이 있었다. 한 학부생 수업에서 그는 미국 시트콤 「프렌즈」(Friends)를 언급하며 "여러분은 아마 「프렌즈」를 모르실 테죠"라고 말했다. 그러자 100명 가까운 학생들 사이에 충격의 웅성거림이 파도쳤다. "알아요! 알아요!" 학생들은 강사에게 그들이 「프렌즈」를 한 화도 빠짐없이 모두 몰아서 보았다고 소리를 지르며 호소하는 것이 아닌가. 그들은 기분이 상한 것을 넘어서 일종의 공황에 빠진 듯했다고 한다. 학생들의 작심한 듯한 아우성은 그들이 너무 늦게 태어난 바람에 역사 속 위대한 문화적 순간을 놓쳐 버렸고 이제 더 이상 그런 순간은 오지 않을지 모른다는 내재된 두려움을 드러냈다. 그런 불안감을 잠재우기 위해 영원주의는 우리가 놓쳤을지 모르는 '위대한' 순간들을 되살려 내고, 다시는 놓치지 않으리라는 희망을 준다. 고전을 따라잡는 데 실패하면 우리는 뒤처질 수밖에 없고, 그러면 동시대로부터 소외된 어떤 대기실에 영원히 갇힌 채 해수면이 상승해 도시가 물에 잠길 때까지 소프트웨어 업데이트 말고는 시간의 흐름을 알 방도도 없이 하루하루를 손으로 세면서 보내게 될지도 모르는 것이다.

영원주의의 미래:
트렌드워칭은 「영원주의」 브리핑으로부터 몇 달 뒤, 그에 대한 동반 브리핑을 발표했다. '지금주의: 지금이 곧 자금인 이유'(NOWISM: Why Currency Is the New Currency)라는 제목의 이 브리핑은 다음과 같이 그 핵심 원칙을 기술했다.

새로운 온·오프라인상의 실시간성 제품, 서비스, 경험 들이 소비자들의 즉각적 만족에 대한 뿌리 깊은 욕망을 채워 주고 있다. 또한 소비자들은 지금 이 순간에도 산사태처럼 넘쳐 나고 있는 실시간 콘텐츠 생산에도

열성적으로 기여하고 있다. 따라서 여러분의
기업과 브랜드도 '지금'을 반영하고 여기에 동참할
수밖에 없을 것이다. 이 아름다운 혼돈과 현실감,
그리고 흥분의 도가니에.[86]

브리핑에 따르면 지금주의 부상의 원인으로는 "풍요의 시대",
"소비 경험 중시", 온라인상에서의 "즉각적인 만족감"과 같은
요소를 들 수 있다. 지금주의의 발전상을 보여 주는 예시로는
팝업 스토어, "친구나 가족부터 유명인, 동료, 적까지 모든
사람들이 바로 지금 무엇을 하고 말하고 생각하고 있는지
열정적으로 좇는 것"을 뜻하는 신조어인 "정보 열광 현상"(infolust),
라이브 콘서트나 공적인 논란과 같은 "날것 그대로"의 사건의
동시적 경험, 기업의 의류 라인 한정 판매나 빵집의 빵 나오는 시간
홍보처럼 "충동구매를 자극하는 알림" 등을 들 수 있다.[87] 하지만
내가 크게 놀랐던 지점은 브리핑을 반쯤 읽자 등장한, 사회학자이자
소비주의 비판으로 알려진 지그문트 바우만의 사진이었다.
　　　초현실적이라고밖에 할 수 없는 이 부분에서 브리핑은
지금주의를 더 잘 이해하기 위해 바우만의 사회학 명저 『액체 현대』(Liquid
Modernity)의 일독을 권하고 요약까지 제공하고 있다.

> "액체 현대"는 바우만이 과거 세계의 "고체적" 현대성과 대비하여
> 현재 세계의 상태를 설명하기 위해 붙인 이름이다. (…) 사회적 형식과
> 제도들이 확고하지 않아 더 이상 인간의 행동과 장기적 인생 계획에
> 참고할 수 있는 틀을 제공하지 못하게 된 것이다. 따라서 개인들은
> 인생의 구조를 잡기 위해 다른 방법을 찾아야만 한다. 끝없이 이어지는
> 단기 프로젝트와 에피소드를 이어 나가 봤자 유의미한 '커리어'나 '진전'에
> 이르지 못한다. 그런 파편화된 삶은 개인에게 유연함과 적응력을 요한다.
> 언제나 준비되어 있고 빠르게 전략을 바꿀 용의가 있으며 약속이나 의리도
> 후회 없이 저버리고 당장 잡을 수 있는 기회를 잡는 것. 액체 현대에 개인은

계속 행동하고 계획해야 하며, 고질적인 불확실성
속에서 행동을 할 때와 행동하지 않을 때에 대한
이득과 손해를 계산하며 살아야만 한다.[88]

위 인용구 바로 밑에는 "영원히 '트렌드 브리핑'을 놓치는 일
없도록" 이메일 주소를 기입하는 난이 마련되어 있다.
브리핑의 저자들은 정확히 이런 제안이 바우만이 말한
"고질적인 불확실성 속"에서 행동하기라는 논지를 증명하고
있다는 점까지는 생각이 미치지 못한 듯하다.
　　마케팅 업계는 일종의 이론가 역할을 자처하고 있다.
그들이 이론을 내놓는 목적은 기업 자본주의의 바퀴에 윤활유를
뿌리기 위해서다. (트렌드워칭 자신도 이론 비슷한 것을 내놓고
있음을 인정한다. 바우만을 언급한 섹션 다음 문단은 이렇게
시작된다. "이론은 이 정도로 하고 (…) 이제 정리를 해 보자." 그
다음에는 앞서 소개한 지금주의 발전에 대한 설명이 이어진다.) 이들이
만드는 '이론'이라는 것은 무분별한 개념어 생산에 지나지 않아서,
마케팅 업계 밖에서는 거의 아무런 쓰임이 없을 듯한 "정보 열광",
"초다중 작업"(hypertasking), "스낵 경제"(snackonomy) 따위의 말을
쏟아 낸다. 물론 그중 어떤 것은 일말의 경험적 가치가 있을지도 모른다.
하지만 트렌드 분석 기업이 지그문트 바우만을 인용해 그 조잡한 이론을
뒷받침하려 들고 또 하필 인용한 구절이 억압의 기제―마케팅 업계가 오히려
기회라고 여기는―를 서술하고 있다면, 우리는 이들의 이론질을 심각하게
받아들일 필요가 있다. 우리 비평가와 이론가, 독자와 저자, 즉 사회정의라는
이름으로 불평등한 세상을 바꾸는 일에 관심을 기울이는 사람이라면 소비
자본주의가 스스로 추천하는 소비 자본주의 이론에 대해 진지하게 생각해
보아야 할 것이다.
　　이 책은 영원주의를 진지하게 생각해 보려는 시도다. 이것이 개념어 양산
공장이 뱉어 내는 수많은 -주의에 그저 하나를 더하는 결과밖에 되지 않을지도 모른다.
그것은 독자의 판단에 맡기겠다. 하지만 내가 보기에 영원주의와 지금주의는 그저 요즘

온라인에 만연한 클릭 유도용 개념어의 산에 던져 버릴
또 하나의 그렇고 그런 단어는 아니다. 이 두 단어는
디지털 시대의 핵심적인 발달상을 효과적으로 묘사하고
있다. 현재의 여러 순간이 연이어 계속되는 지금주의든,
길게 늘어진 현재가 영원히 계속되며 과거와 미래를 모두
집어삼키는 영원주의든, 모든 것을 현재 속에 두고자 하는
집요한 노력이라는 점은 같기 때문이다.

영원주의에 대항하려면 그것을 먼저 인식해야 한다.
최신 리부트작이나 유명 록 밴드의 재결합 투어 같은 것을
설명하기 위해 '노스탤지어'라는 말을 쓰는 것이 익숙한
우리들에게, 영원주의를 제대로 인식하는 것은 쉽지 않은 일이다.
그러나 곧 개봉할 90년대풍 레트로 영화에 '노스탤지어'의
혐의부터 씌우고 보는 대신, 이런 질문을 먼저 던져 보자. 정말 여기에
노스탤지어를 느끼는 사람이 있는가? 아니면 제작사나 스트리밍
서비스가 우리의 노스탤지어를 전제하고 그들이 짐작하는 그리움의
대상을 제공하고 있는 것인가? 과거를 현재 속에 계속 두려는 의도가
우리로 하여금 노스탤지어를 느끼지 않게 해 주려는 것이 맞는가?

이 책 전반에 걸쳐 언급한 바 있듯 노스탤지어는 쉽게 소멸되는
것이 아니다. 레트로 패션, 음악, 엔터테인먼트에 둘러싸여 살아가면서도
여전히 과거를 그리워할 수 있다. 이것이 노스탤지어에 관한 본질적
진실이다. 과거는 다시 살아질 수 없기에, 그것을 그리워할 가능성은 늘
존재한다. 옛날 작품들이 끊임없이 리부트되고 과거가 언제나 우리 손끝에 있는
듯한 오늘날의 사회에서도 이 사실은 여전하다. 노스탤지어라는 감정은
훈육한다고 사라지는 것도 아니요, 소비한다고 없앨 수 있는 것도 아니다. 사실
노스탤지어는 기억의 생산과 재해석을 돕는 감정으로서, 어떤 기억은 노스탤지어
없이는 만들어질 수도 없는 것이다.

영원주의에 대한 후속 연구는 영원한 현재, 영원한 베타테스트, 영원한
대화라는 요구 사항 아래에 깔려 억눌린 다른 감정들을 탐구해 나갈지도 모르겠다.
안심, 만족, 희망, 지루함, 슬픔, 심지어 영원주의가 제공하려고 그리도 애쓰는 행복이라는

감정까지도. 이런 감정들은 노스탤지어처럼 표적이
되곤 하지만 그렇다고 완전히 억제되는 것은 아니다.
영원주의는 이들 감정을 표적으로 삼음으로써 그것들을
대중 속에 무심코 재생산하고 만다.

       이러한 감정들은 반동주의자들이 정의하는 '문명화된'
대중의 상(像)에 위협으로 작용한다. 자본주의의 요구 사항에
도전하는 감정의 표출은 법과 질서를 약화하기에 처벌해야
한다는 주장 아래, 반대 의견을 묵살하기 위한 더 험악한
시도들이 이어질 것이다. 감정에 동화된 대중의 자세를
바로잡기 위해 반동주의자들은 원망과 편견을 담은 담론을
유통시키며 노스탤지어를 해소해 주겠다는 약속을 내밀 것이다.
그런 약속으로는 수상한 '외부인'으로부터 우리 민족국가를
보호하겠다는 보복주의적 선언도 있을 것이고, 백인 출산율이
낮아지면서 백인 시민들이 유색인종 이민자로 대체되고 있다고
주장하는 거대 대체론 같은 것도 있을 것이다. 이런 담론을 전파하는
자들은 우선 태초에 존재했던 규범적 전통으로 충만한 백인들의
왕국이 침입자들에 의해 약탈되었다는 전제를 깐다. 그런 다음, 그들의
왕국을 재건하고 백인 남성의 멸종을 막기 위한 치료약을 내미는 것이다.

       우리는 이제 이와 같은 논리가 자본주의의 억압 기제를 위협하는
감정들을 억제하고자 하는 적극적인 시도라는 점을 똑바로 보아야 한다.
'좋았던 옛 시절'에 대한 정치인들의 선동이나 추억 여행 영상을 올리는 소셜
미디어 계정이 노스탤지어를 근절하려는 시도처럼 보이지 않을 수 있지만,
둘 다 과거의 표상들을 현재 속에 고취시켜 사라지지 않게 하려는 적극적
시도라는 점은 같다. 우리가 이런 레트로한 표현을 소비할 수는 있지만, 그것을
단지 '노스탤지어'라고 단순하게 폄하하는 것은 옳지 않다. 노스탤지어는 오랫동안
사라졌던 것이 현재 속에 다시 나타날 때 느껴지는 감정이다. 영원주의는 이와
반대로 과거를 되살려 내어 다시는 죽지 않게 해야 한다고 호소하며 자본주의를
영원한 현재 속에 영속시키고, 영원히 계속되는 지금을 약속한다. 이 영원한 순간 속에는
귀신조차 살 수 없다. 영원화된 공허 속에 산다는 것은 죽지 않는 것이며, 감시하는 시선

아래 생산하고 경쟁하는 것이요, 봄이 다시 오기는 할지
궁금해하는 대화가 끝없이 이어지는 무한한 우주를
표류하는 것이다. 그러나 과거의 실증주의자들이
주장했던 징벌적인 방식과 마찬가지로, 영원주의 역시
노스탤지어를 영원히 막을 수는 없다.

[1] Hans Gross, *Criminal Psychology: A Manual for Judges, Practitioners, and Students*, trans. Horace M. Kallen (Boston: Little, Brown, 1918), 77–78.

[2] Willis H. McCann, "Nostalgia: A Review of the Literature," *Psychological Bulletin* 38 (1941): 167.

[3] 같은 글, 168.

[4] Ernst Kretschmer, *A Text-Book of Medical Psychology*, trans. E. B. Strauss (Oxford: Oxford University Press, 1934), 187.

[5] Edmund S. Conklin, *Principles of Adolescent Psychology* (New York: Henry Holt, 1935), 209–216.

[6] McCann, "Nostalgia: A Review," 168.

[7] J. Theodore Calhoun, "Nostalgia as a Disease of Field Service," *Medical & Surgical Reporter* II, no. 9 (February 27, 1864): 130–132. *Journal of Civil War Medicine* 22, no. 2 (2018): 56–58에 재발행.

[8] Medical Society of the Second Division, Third Corps, Army of the Potomac, "Discussion on Nostalgia," *Medical and Surgical Reporter* II, no. 10 (March 5, 1864): 150–152. *Journal of Civil War Medicine* 22, no. 2 (2018): 58–61에 재발행.

[9] L. W. Kline, "The Migratory Impulse vs. Love of Home," *The American Journal of Psychology* 10, no. 1 (1898): 81.

[10] Michel Foucault, "22 January 1975," *Abnormal: Lectures at the Collège de France 1974–1975*, ed. Arnold I. Davidson, trans. Graham Burchell (London: Picador, 2003), 57–58.

[11] Steve Harvey, "Passion for the Past: Nostalgia Marketing and the Retro Revolution," Fabrik Brands, https://fabrikbrands.com/nostalgia-marketing/.

[12] Donald W. Hendon, "Bicentennials Come and Go, but the Nostalgia Market is Here to Stay, Perhaps in a Product Life Cycle 'Pigtail'," *Marketing News* (July 4, 1975): 7.

[13] George Rosen, "Nostalgia: A 'Forgotten' Psychological Disorder," *Psychological Medicine* 5, no. 4 (November 1975): 340–354.

[14] *The Mary Tyler Moore Show*, "I Was a Single for WJM," CBS (March 2, 1974).

[15] Michael S. Roth, "Dying of the Past: Medical Studies of Nostalgia in Nineteenth-Century France," *History and Memory* 3, no. 1 (1991): 19.

[16] CBS News, "Read the full transcript of the South Carolina Democratic debate" (February 25, 2020), https://www.cbsnews.com/news/south-carolina-democratic-debate-full-transcript-text/.

[17] 아이메모리 웹사이트, '아이메모리 소개', https://www.imemories.com/about.

[18] "Foreverism: Consumers and businesses embracing conversations, lifestyles and products that are 'never done'," TrendWatching(2009), https://www.trendwatching.com/trends/foreverism.

[19] 같은 웹사이트.

[20] 같은 웹사이트.

[21] 같은 웹사이트.

[22] Nancy Martha West, *Kodak and the Lens of Nostalgia* (Charlottesvilles: University Press of Virginia, 2000), 4.

[23] Svetlana Boym, *The Future of*

Nostalgia (New York: Basic Books, 2001), 15.

[24]   Mark Fisher, *Capitalist Realism: Is There No Alternative?* (Winchester, UK: Zero Books, 2009), 3.

[25]   Matt Soergel, "Jacksonville icon reflects on recording Lynyrd Skynyrd's first songs, including 'Free Bird'," *The Florida Times-Union* (October 23, 2020), https://www.jacksonville.com/story/entertainment/music/2020/10/23/jacksonville-icon-reflects-recording-lynyrd-skynyrds-first-songs/3713009001/.

[26]   TOTEM website, "About," https://www.totemmx.com/about.

[27]   Anthony Breznican, "*Star Wars* Forever: How Kathleen Kennedy Is Expanding the Galaxy," *Vanity Fair* (May 18, 2022), https://www.vanityfair.com/hollywood/2022/05/star-wars-kathleen-kennedy.

[28]   Alexandra Fiorentino-Swinton, "Nostalgia for Nostalgia," *Real Life* (January 6, 2022), https://reallifemag.com/nostalgia-for-nostalgia/.

[29]   같은 글.

[30]   Abe Beame, "The Follow: A.S. Hamrah, Critic," *Passion of the Weiss* (May 24, 2022), https://www.passionweiss.com/2022/05/24/the-follow-a-s-hamrah-critic/.

[31]   Talia Soghomonian, "Ian McKellen: 'Filming 'The Hobbit' made me cry with frustration,'" *NME* (November 17, 2012), https://www.nme.com/news/film/ian-mckellen-filming-the-hobbit-made-me-cry-with-f-877575.

[32]   Phil de Semlyen, "Ian McKellen on coming out in Hollywood, 'The Hobbit' and not being Dumbledore," *Time Out* (May 22, 2018), https://www.timeout.com/film/ian-mckellen-on-coming-out-in-hollywood-the-hobbit-and-not-being-dumbledore.

[33]   The Howard Stern Show, "Jake Gyllenhaal Forgot His Lines While Filming 'Spider-Man: Far From Home'", 유튜브 영상(2021년 10월 5일), 3분 27초, https://www.youtube.com/watch?v=aKAp3q6Bv8w&ab_channel=TheHowardSternShow.

[34]   Peter Bradshaw, "*They Shall Not Grow Old* review—Peter Jackson's electrifying journey into the First World War trenches," *The Guardian* (October 16, 2018), https://www.theguardian.com/film/2018/oct/16/they-shall-not-grow-old-review-first-world-war-peter-jackson.

[35]   Luke McKernan, "Colouring the Past," 루크 매커넌의 블로그(2018년 1월 25일), https://lukemckernan.com/2018/01/25/colouring-the-past/.

[36]   Breznican, "*Star Wars* Forever."

[37]   Anna Nicolaou & Antoine Gara, "Song Lyrics Strike a Chord with Private Equity," *Financial Times* (October 27, 2021), https://www.ft.com/content/83753cb0-0007-4420-a9a9-99a3b9b72778. Grafton Tanner, "Yesterday Once More," *Real Life* (November 22, 2021), https://reallifemag.com/yesterday-once-more/ 및 Rich Woodall, "Mass Hipgnosis," The Baffler (March 15, 2021), https://thebaffler.com/latest/mass-hipgnosis-woodall도 참조.

[38]   Double Down News, "How Smoked Salmon Is Destroying Our Minds | George Monbiot", 유튜브 영상(2021년 3월 25일), 8분 28초, https://www.youtube.

com/watch?v=JsSF1_TYdWw&ab_channel=DoubleDownNews.

[39] Juliane Gluge, et al, "An overview of the uses of per- and polyfluoroalkyl substances (PFAS)," *Environmental Sciences: Processes and Impacts*, no. 12 (2020), 2345–2373.

[40] 아이메모리 홈페이지, https://www.imemories.com/.

[41] Mél Hogan, "Facebook Data Storage Centers as the Archive's Underbelly," *Television & New Media*, vol. 16, no. 1 (2015): 5.

[42] 같은 글, 8–9.

[43] 같은 글, 9.

[44] Laurel Wamsley, "Library of Congress Will No Longer Archive Every Tweet," *NPR* (December 26, 2017), https://www.npr.org/sections/thetwo-way/2017/12/26/573609499/library-of-congress-will-no-longer-archive-every-tweet.

[45] Hogan, "Facebook Data Storage," 9.

[46] David Renshaw, "MySpace confirms 12 years of music lost in 'server migration'," *The Fader* (March 18, 2019), https://www.thefader.com/2019/03/18/myspace-server-migration-loss-music.

[47] Jay Greene, "Amazon's cloud-computing outage on Wednesday was triggered by effort to boost system's capacity," *The Washington Post* (November 28, 2020), https://www.washingtonpost.com/technology/2020/11/28/amazon-outage-explained/.

[48] Paris Marx, *Road to Nowhere: What Silicon Valley Gets Wrong about the Future of Transportation* (London: Verso, 2022), 71.

[49] 같은 책, 72–73.

[50] Alice Morby, "Jaguar electrifies its classic E-type car," *Dezeen* (September 8, 2017), https://www.dezeen.com/2017/09/08/jaguar-electrifies-classic-e-type-car-design-transport/.

[51] Liam Davenport, "When a Cyberattack Halts Radiation Therapy: Not 'If' but 'When'," *Medscape* (November 10, 2022), https://www.medscape.com/viewarticle/983847.

[52] John Scalzi, *Redshirts* (New York: Tor Books, 2012), 35.

[53] 같은 책, 95.

[54] 같은 책, 68.

[55] 같은 책, 64.

[56] Gilles Deleuze, *Negotiations: 1972–1990*, trans. Martin Joughin (New York: Columbia University Press, 1995), 129.

[57] Yōko Ogawa, *The Memory Police*, trans. Stephen Snyder (New York: Pantheon Books, 2019), 3.

[58] 같은 책, 135.

[59] 같은 책, 119.

[60] 같은 책, 146.

[61] 같은 책, 158.

[62] François J. Bonnet, *After Death*, trans. Amy Ireland and Robin Mackay (Falmouth, UK: Urbanomic, 2020), 28.

[63] 같은 책, 29.

[64] *Cowboy Bebop*, "Speak Like a Child" (English dub), Adult Swim, 2001년 10월 29일 방영.

[65] Liam Stack, "Update Complete: U.S. Nuclear Weapons No Longer Need Floppy Disks," *The New York Times* (October 24, 2019), https://www.nytimes.com/2019/10/24/us/nuclear-weapons-floppy-disks.html.

[66] Gita Jackson, "Why Does Everyone In Netflix's Cowboy Bebop

Talk Like That?" *Vice* (Novermber 23, 2021), https://www.vice.com/en/article/v7deax/why-does-everyone-in-netflixs-cowboy-bebop-talk-like-that에서 재인용.

[67] Jim Hougan, *Decadence: Radical Nostalgia, Narcissism, and Decline in the Seventies* (New York: William Morrow and Company, 1975), 194.

[68] 같은 책.

[69] 같은 책, 195.

[70] 같은 책.

[71] "Individual Training: Defense Against Enemy Propaganda," Department of the Army, Washington, D.C. (September 15, 1954), 9.

[72] "Military Propaganda," Psychological Warfare School, Fort Bragg, North Carolina (February 1953), 24–25.

[73] George W. Ball, "The Dangers of Nostalgia," The Department of State, Washington, D.C. (March 1965).

[74] Bonnet, *After Death*, 60–61.

[75] 같은 책, 30.

[76] 같은 책, 63.

[77] Herman Melville, *Moby-Dick or, The Whale* (1851; Penguin Books, 2003에 재발간), 198.

[78] AWS Events, "Amazon re:MARS 2022—Day 2—Keynote", 유튜브 영상(2022년 6월 22일), 1시간 54분 22초, https://www.youtube.com/watch?v=22cb24-sGhg&ab_channel=AWSEvents.

[79] Roth, "Dying of the Past," 18.

[80] Alexander R. Martin, "Nostalgia," *The American Journal of Psychoanalysis*, vol. 14 (1954): 93–104.

[81] Ralph Harper, *Nostalgia: An Existential Exploration of Longing and Fulfilment in the Modern Age* (Cleveland, OH: The Press of Western Reserve University, 1966), 29.

[82] 같은 책, 27.

[83] Ron Magid, "An Expanded Universe," *American Cinematographer*, vol. 78, no. 2 (February 1997).

[84] 같은 글.

[85] Alexandra Alter and Elizabeth A. Harris, "As Classic Novels Get Revised for Today's Readers, a Debate About Where to Draw the Line," *The New York Times* (April 5, 2023), https://www.nytimes.com/2023/04/03/books/classic-novels-revisions-agatha-christie-roald-dahl.html.

[86] "Nowism: Why Currency Is the New Currency," TrendWatching (2009), https://www.trendwatching.com/trends/nowism.

[87] 같은 글.

[88] 같은 글.

"항상 닿아 있던 처음 느낌 그대로 난 기다렸지…."[*] 케이팝 그룹 뉴진스의 음악과 뮤직비디오를 감상하며 별 수 없이 몇 겹의 노스탤지어에 빠진 나를 발견한다. Y2K 시대 아이돌 문화의 미감을 고증한 재현적 노스탤지어, 현실과 동떨어진 흠결 없는 초국적 하이틴 이미지에서 느껴지는 허구적 노스탤지어, 그리고 당장이라도 사라져 버릴 듯 묘하게 위태롭고 일시적으로 보이는 연출이 자아내는, 현재에 대한 예견된 미래의 노스탤지어까지. 한국 대중문화 속 노스탤지어 표현이 장인의 경지에 이르렀음을 느끼는 요즘이다. 더 이상 노스탤지어를 조악한 '추억 팔이'나 복고주의의 전유물로 치부할 수는 없다. 취향의 좌표와 무관하게 남녀노소 누구든 불확실한 현실을 도피하는 가장 확실한 방법을 찾아 과거를 비추는 성냥을 켜고 있는 것일까.

어느새 노스탤지어를 자극하는 것들로 가득 찬 사회를 둘러보며 당혹감을 느낄 때도 있다. 노스탤지어는 비난하기 좋은 대상이다. 대중문화에 새로움이 사라지고 어디서 본 듯한 것의 변주만 반복되는 이유, 사회의 변화와 진보를 받아들이지 못하고 과거로 회귀하려는 반동적, 보수적 어젠다가 퍼지는 이유로 노스탤지어가 지목된다. 너도나도 노스탤지어를 손가락질하며 그 명과 암을 분간하고 진짜, 가짜를 구분하려 든다. 그런데 우리가 느끼는 동시대의 피로감과 무력함이 과연 노스탤지어 때문일까?

그래프턴 태너는 『포에버리즘』을 포함한 지난 네 권의 저서에서 디지털화된 자본주의 사회에서 점점 확장되는 노스탤지어의 역할을 탐구해 왔다. 전작인 『시계를 잃어버린 시간: 노스탤지어의 정치학』(The Hours Have Lost Their Clock: The Politics of Nostalgia)에서 태너는 "노스탤지어는 우리 시대를 규정짓는 단 하나의 감정이 되었다"라고 말했다.[**] 그는 지난 20여 년간 노스탤지어가 부상한 배경에 세계적인 경제 불황과 끊이지 않는 국제분쟁, 불평등 심화와 기후 위기 등 출구 없는 미래를 마주한 대중의 심리가 있다고 보았다. 또한 노스탤지어를 이용하려는 자본과 정치 세력이 대중의 노스탤지어를 끊임없이 자극하며 그들을 그 속에 붙잡아 두고 있다고 분석했다.

그런데 『포에버리즘』에서 태너는 노스탤지어와 동시대의 관계를 바라보는 관점을 뒤집는다. 우리 사회가 노스탤지어를 확산시키고 조장하는 친(親)노스탤지어적 사회가 아니라, 거꾸로 노스탤지어를 근절하려 드는 반(反)노스탤지어적 사회라고 가정한 것이다. 그리고 이러한 반노스탤지어적 움직임에 (마케팅 업계의 브리핑에서 착안한) '영원주의'라는 이름을 붙인다. 영원주의란 과거로 흘러가려 하는 것을 현재 속에 붙잡아 두고 미래에까지 우리 곁에 있게 하려는 경향을 말한다. 친구와의 대화나

[*]   NewJeans, 「Ditto」, 『OMG』(서울: ADOR, 2022).
[**]   Grafton Tanner, "Introduction", *The Hours Have Lost Their Clock: The Politics of Nostalgia* (London, UK: Repeater, 2021).

어려서 본 영화 등은 모두 시간이 흐르면 기억 저편으로 흐릿해지지만, 발전하는 디지털 기술과 마케팅 산업은 이 모두를 우리 곁에 영원히 둘 방법을 계속 고안해 낸다. 미디어 기업은 자신들이 보유한 IP 자산의 수익을 극대화하기 위해 우리에게 그들의 상품을 소비해야 노스탤지어를 해소할 수 있다고 말한다. 그러나 우리의 그리움을 핑계로 온갖 과거의 명작들이 영원히 현재 속에 존재하게 된다면, 우리는 더 이상 진짜 노스탤지어를 느낄 수 없게 된다. 노스탤지어가 더 이상 질병으로 취급되지 않고 표면적으로는 권장되는 것 같은 현재에도, 지배계급은 여전히 노스탤지어를 통제해야 할 반사회적, 비생산적 감정으로 바라보고 그것을 "진압함과 동시에 수익화"(25쪽)하고 있다는 것이다.

　　　　이 책에 언급된 영원주의의 세 갈래인 "영원한 존재, 영원한 베타테스트, 영원한 대화"(23쪽)가 한국 독자에게 더욱 실감 나는 이유는 한국이 미국 못지않게 디지털 기술이 발달했고 이에 대한 대중의 의존도가 높은 사회이기 때문일 것이다. 모든 것을 영원화하려는 시도에서 디지털 기술은 핵심적인 역할을 한다. 개인 차원의 영원한 존재와 영원한 대화를 가능케 하는 것은 모든 대인 관계와 대화, 기억을 기한 없이 보관할 수 있는 환경이고, 이 환경은 소셜 미디어와 메시징 플랫폼, 클라우드 스토리지 등을 통해 조성된다. 우리는 이미 대부분의 관계와 대화의 기억을 디지털 플랫폼과 스마트폰에 의존하고 있다. 손이 미끄러지면 헤어진 지 한참 지난 연인의 사진에 '좋아요'를 누르게 되기도 하고, 세상을 떠난 지인의 프로필 업데이트 알림에 깜짝 놀라기도 한다. 이 책에서 태너는 이렇게 시간을 초월하는 듯한 디지털 기술이 실제로는 플랫폼이 기반한 인프라의 물질적 한계에 의해 제약되어 있다는 점도 지적한다. 즉, "영원주의는 비물질적이지 않다."(52쪽) 2023년 카카오톡 서버 화재로 전 국민의 대화가 잠시 멈췄을 때나, 트위터가 일론 머스크에게 인수되고 나서 수많은 이용자들이 플랫폼을 떠났을 때를 떠올려 본다. '영원한 대화'라는 약속은 사실 그리 확실하지 않으며, 현실 경제와 자원에 따라 얼마든지 흔들릴 수 있는 것임을 상기하게 된다.

　　　　『포에버리즘』이 영원주의의 작동 방식을 가장 실감나게 설명하는 대목은 할리우드 영화의 끝없는 프랜차이즈화에 대한 부분일 것이다. 디즈니나 마블 등 대형 제작사의 영화들이 하나같이 라이브액션 리메이크, 프리퀄, TV 스핀오프 등 리부트 일색인 것은 이미 익숙해진 사실이다. 태너는 "「스타워즈」 새 작품이 매년 영화나 TV 시리즈로 나오는데 어느 틈에 그에 대한 노스탤지어를 느낄 수 있을까?"(34쪽)라고 질문한다. 국내에서도 대흥행하는 마블 시네마틱 유니버스는 '페이즈'(phase)라는 이름으로 5년, 10년 뒤에 나올 모든 작품의 계획을 짜 놓고, 오래된 캐릭터들로 하여금 그 세계관 안에서 자리를 바꿔 가며 싸우게 한다. 그 세계 속 배우나 감독이라고 마냥 즐거운 것은 아니다. 한 명의 작가가 쓴 한 편의 영화를 충실하게 찍는 것이 아니라, 거대 세계관을 관리하고 수익화하는 스튜디오의 지시에 따라 끊임없는 퍼즐 맞추기를 해야 하기 때문이다. 이러한 영원화된 프랜차이즈 속에는 온갖 레퍼런스와 쉴 새 없는 대사가 넘쳐 나지만, 결말다운 결말은 없다. 이 시대의 관객들은 끝이 실종된 광활한 영원의 세계를 표류하고 있다.

한국 대중문화에서도 이러한 영원주의의 그림자를 쉽게 찾아볼 수 있다. 제작사들은 단지 과거를 현재 속에 재현하는 레트로 콘텐츠의 출시에 만족하지 않고, 그를 통해 영원한 미래의 수익까지 보장받으려 한다. 「슬램덩크」를 비롯한 추억의 IP가 속속들이 새로운 스토리로 되살아나 영화관에 걸린 뒤 수많은 파생 상품을 팔아 치우고, 이미 많은 이들의 기억 속에 검증된 웹툰이나 웹소설을 기반으로 한 2차 창작 드라마와 영화는 점점 주류로 자리한다. 무한한 시즌제를 표방하는 예능 프로그램들은 수시로 멤버를 교체하며 계속된다. 유명 가수의 목소리를 똑같이 따라하는 모창자들이 경연하는 「히든 싱어」(JTBC), 세상을 떠난 가수가 AI 음성 재현 기술을 통해 홀로그램이 되어 옛 멤버들과 무대에 서는 「다시 한번」(Mnet)처럼 기상천외한 방식으로 과거를 영원화하는 프로그램을 보고 있자면, 어쩌면 한국이 문화적 영원주의의 최전방이 아닐까 하는 생각이 든다. 임과의 작별에 따른 그리움이 한이 되는 것이 한국인을 대표하는 정서라고 하지만, 우리는 "그리운 것은 그리운 대로 내 맘에"[***] 두지 못하고 첨단 기술을 총동원해 모든 것을 현재 속으로 꺼내 올 수밖에 없는 것일까.

나아가 태너는 노스탤지어를 동원한 정치적 영원주의, 즉 "노스탤지어에게 일[을] 시키"려는(78쪽) 시도를 설명하기 위해 도널드 트럼프의 캠페인을 예로 든다. 트럼프는 그의 지지 기반인 미국 극우 세력을 포섭하기 위해 백인 남성들이 과거의 영광을 상실했으며 '미국을 다시 위대하게' 만들려면 자신을 따라야 한다는 논리를 편다. 그가 되살리려는 과거는 모두의 과거가 아닌 특정 계층을 위한 특정 형태의 과거, 심지어 실재한 적 없는 낭만화된 선택적이고 폭력적인 과거다. 과거를 달리 기억하는 소수자와 소외 계층은 이러한 종류의 노스탤지어에 공포를 느낀다. 한국의 경우에도 세부적인 양태는 다르지만 주류 정치가 노스탤지어에 의지해 온 흐름을 쉽게 관찰할 수 있다. 전통적 보수 세력은 과거 산업화 독재 시절에 대한 향수를, 민주 세력은 민주화 운동의 전성기와 이로써 쟁취해 낸 정권에 대한 향수를 기반으로 움직인다. 사망했거나 물러난 정치인에 대한 그리움이나 설욕의 의지는 좌우 가리지 않고 유권자 결집의 기반 정서가 되고, 그런 정치적 노스탤지어와 무관한 전향적인 시도는 큰 호응을 받지 못한다. 현재가 상상해 낼 수 있는 성공이 과거 성공의 열화된 재현에 불과한 환경에서 정치의 미래는 점점 짧아진다.

'영원주의'라는 이름에서 순간 느껴지는 낭만적인 첫인상과 달리, 그것이 가져올 삶의 풍경은 진정한 진보 없이 표면적 변화에만 매달리며 제자리걸음을 하는 황량한 공허다. 우리는 기업들의 영원주의 마케팅에 동참해 원전의 속편, 재해석본, 굿즈를 소비하고, 본 것을 다시 엮어서 2차 창작과 끝없는 연성으로 보답하며 영원화의

[***] 이문세, 「옛사랑」, 『옛사랑』(용인: 한국음반, 1991).

전령 역할을 자처한다. 창작자들은 새로운 것을 제시하는 것보다 이미 존재하는 레퍼런스를 얼마나 잘 녹여 내고 재현하는지로 평가받는다. 레트로한 미감으로 채워진 영원화된 브랜드의 팝업 스토어가 고작 몇 주 열린 뒤 통째로 폐기될 것을 알면서도 우리는 그 앞에 길게 줄을 서기도 한다. 과거의 선호에 기반해 유사 콘텐츠를 보여 주는 알고리즘의 시대를 넘어, 과거에 만들어진 것들—혹은 사람들—을 조합해 '새로운' 것인 양 제시하는 생성형 AI의 시대에는 또 어떤 영원주의적 시도가 과거와 미래에 대한 현재의 잠식을 가속화할지 두려움이 엄습한다.

『포에버리즘』에서 미래에 대한 낙관을 읽기는 어렵다. 그럼에도 이 책이 주는 한 가닥 희망이 있다면, 소비 자본주의 사회에서 수익을 목표로 노스탤지어가 동원되는 방식에 마케팅 용어를 전유해 영원주의라는 이름을 붙임으로써, 지금껏 부정확하게 원흉으로 지적된 노스탤지어라는 감정을 용서할 수 있게 해 준다는 점이다. 노스탤지어는 분노, 기쁨, 질투, 권태처럼 인간의 감정 중 하나일 뿐, 그 자체로 좋거나 나쁜 것이라고는 할 수 없다. 노스탤지어를 불타오르게 하는 것과 억누르는 것, 표출하는 것과 자극하는 것은 모두 상황과 주체에 따라 우리의 삶을 풍요롭게 할 수도, 빈곤하게 할 수도 있다. 우리는 지금 노스탤지어가 범람하는 세상 속에 살고 있는 것 같지만, 사실은 진정한 노스탤지어를 느끼고, 소화하고, 사유할 여유는 허락되지 않고 있다. 노스탤지어라는 감정에 죄를 씌울 것이 아니라 그것을 이용해 우리를 결말 없는 현재 속에 묶어 두는 자본과 권력을 바로 보자는 것이 이 책의 제안이다. 출구를 찾기 위해 지도가 필요하다면, 『포에버리즘』이 반노스탤지어적 영원주의 세계의 지도가 되어 줄 수 있을지도 모른다.

마지막으로 번역에 대해 덧붙인다. 'foreverism'의 직관적인 번역어로 '영원주의'를 골랐지만, 사실 영원주의라는 단어는 시간의 존재에 대한 철학적 이론인 'eternalism'의 번역어로도 이미 사용되고 있다는 점을 짚어 둔다. 철학에서 영원주의란 과거와 현재, 미래가 인간의 인식과 별도로 모두 동일하게 존재한다는 관점을 말하는데, 이 책이 고안한 영원주의와는 다른 차원의 용어이긴 하나 정서적으로는 상통하는 부분이 있는 듯해 흥미로웠다. 그리고 'nostalgia'의 경우 '향수'로 번역되기도 하지만 '노스탤지어'라고 그대로 옮기는 것을 택했는데, 고향(장소)에 대한 그리움이라는 고전적 의미를 대체로 간직하고 있는 '향수'라는 단어보다는 의학적 병명으로 고안된 뒤 대중화되어 과거에 대한 그리움으로 의미가 확장된 역사를 담고 있는 '노스탤지어'가 더 적합하다고 보았기 때문이다.

김괜저

그래프턴 태너

작가, 교육자. 지은 책으로는 『시계를 잃어버린 시간: 노스탤지어의 정치학』(2021), 『뱀의 원환: 빅 테크 시대의 노스탤지어와 유토피아』(2020), 『웅얼대는 시체: 베이퍼웨이브와 유령의 상품화』(2016) 등이 있다. 노스탤지어, 기술, 신자유주의 수사학 등에 주목하며 『NPR』 등 여러 매체에 글을 기고한다. 자본주의 신화에 대한 오디오 시리즈 「딜루저니어링」의 호스트와 밴드 '슈퍼퍼펫'의 멤버로도 활동 중이다.

김팬저

뉴욕 대학교에서 사회학을 전공했다. IT 기획자로 일하며 친구들과 팟캐스트 「웬만하면 말로 해」와 스튜디오 '오드컨션'을 운영하고 있다. 에세이집 『연애와 술』을 썼다.

포에버리즘

그래프턴 태너 지음
김낸저 옮김

초판 1쇄 발행. 2024년 6월 20일

편집. 이동휘
디자인. 유현선
제작. 세걸음

워크룸 프레스
03035 서울시 종로구 자하문로19길 25, 3층
전화. 02-6013-3246
팩스. 02-725-3248
메일. wpress@wkrm.kr
workroompress.kr

ISBN 979-11-93480-17-5 (03300)
16,000원